GUIDE

A TRAVERS

LES RUINES

IMPRIMERIE J. CLAYE
RUE SAINT-BENOIT 7

LABOR

PARIS

LUDOVIC HANS et J.-J. BLANC

GUIDE

A TRAVERS

LES RUINES

PARIS ET SES ENVIRONS

Avec *un plan* détaillé.

FAC ET SPERA

PARIS

ALPHONSE LEMERRE, ÉDITEUR

47, PASSAGE CHOISEUL, 47

1871

AVANT-PROPOS

Il va sans dire que le but de ce petit livre est modeste : il est double néanmoins.

Écrit à une date déterminée, et alors que l'œuvre de destruction de la Commune était encore intacte, il en décrit les détails avec une précision que pourront apprécier ceux qui s'en serviront demain.

Quant à ceux qui viendront plus tard, à quelque état qu'ils surprennent le grand travail des restaurations, ces pages leur permettront de reconstituer dans leur cerveau l'état primitif des choses.

1

Les auteurs de cet ouvrage l'ont divisé, non par *chapitres*, mais par *journées*. Ce n'est nullement dans une intention tyrannique, mais afin de faire profiter les lecteurs de l'expérience qu'ils ont faite, à leurs dépens, du temps que réclamait chacune de ces promenades.

Ce temps dépend encore, il est vrai, du cocher qui les conduira. C'est à eux de se mettre avec lui dans de bons termes afin qu'il ne les vole que fort peu.

15 juin 1871.

1

PARIS

RIVE DROITE

PREMIÈRE JOURNÉE.

La rue Royale.

Nous partirons, si vous le voulez bien, de la Madeleine dont la colonnade est mouchetée de balles, et, lui tournant le dos, nous entrerons dans la rue Royale, qui présente de bien autres dégâts. Les maisons y sont incendiées, du n° 25 au n° 15, sur la droite. La première, qui s'intitulait *Hôtel de Famille,* comme le constate encore l'inscription d'une porte basse, contenait une des plus singulières tables d'hôte de Paris : on y voyait dîner ensemble des évêques chiliens, des officiers anglais de l'armée des Indes, des poëtes français et des professeurs de chinois. Cette Babel confinait à un temple protestant dont les cloisons

insuffisantes filtraient des mélopées religieuses et des
bouts de sermon. Le mur de face est encore debout
et, par les fenêtres béantes, on entrevoit, au troisième
étage, le plafond noirci de la salle à manger où,
comme dans le repas de la légende grecque, le menu
était surtout composé de langues différentes.

Les bâtiments qui suivent sont plus profondément
atteints encore. Toute la partie qui bordait la rue
s'est écoulée. Le sol est jonché de pierres calcinées,
de balcons tordus, de rampes enroulées en serpents.
Derrière ce lit profond de décombres, les murs de
derrière se dressent, portant, comme des incrusta-
tions, des cheminées et des consoles que surmontent
encore de menus objets; sur celle-ci une lampe de
bronze, un vase de chine sur celle-là. Ces vestiges
indiscrets sont pendus à de prodigieuses hauteurs. Ici,
une glace, où le vol des oiseaux passé comme une
flèche; là, un portrait dont la toile est brûlée, mais le
cadre tient encore par un clou. Ces souvenirs de la
vie familière sont navrants. Dans le pâté de maisons
anéanties était le buffet américain de Weber, cher
aux amateurs de *pale-ale*. Nulle part les tranches de
roast-beef ne ressemblaient autant à du papier à ciga-
rette. L'art du découpeur ne va pas plus loin.

Une sinistre légende s'attache aux ruines qui ferment à demi l'entrée du faubourg Saint-Honoré. Sept
personnes, surprises par le feu, seraient enfouies sous
ces monceaux de plâtre. De l'autre côté de la chaussée,
était le laboratoire d'Aurelly, le tailleur pour dames.

Le lieu où ce grand homme a conçu tant de jupes et rêvé tant de casaquins ne saurait se comparer qu'au cabinet de Faust lui-même.

Après cette pointe dans le faubourg, reprenons la rue Royale. Deux maisons sont encore brûlées, dont l'une contenait un bureau d'omnibus qui était tout à fait la succursale des rendez-vous manqués aux Champs-Élysées. Le feu n'a pas respecté ses banquettes adultères.

Vis-à-vis, au n° 16, sur la gauche de la chaussée, les flammes ont consumé une boulangerie où se faisaient des croissants que les employés du ministère de la marine n'oublieront jamais.

La première chose qui frappe, en arrivant sur la place de la Concorde, est le pitoyable état où un obus a mis la ville de Lille. Privée de sa tête et de son torse, la statue demeure assise sur ce qui lui reste. C'est insuffisant comme allégorie.

Un des trophées seulement qui surmontent le pavillon droit du ministère de la marine a été écorné par un projectile. Il n'y a rien perdu. On peut au moins supposer qu'il y avait auparavant un guerrier sous ce casque et cette cuirasse, ce qui est bien plus logique que de les supposer maintenus, au-dessus l'un de l'autre, par un miracle de la Convention.

Le ministère des finances.

Nous suivrons maintenant la rue de Rivoli. Une merveille nous y attend, à deux pas de la place. Le ministère des finances, qui n'avait jamais été qu'un monument médiocre, est devenu une ruine superbe. Le feu est un ouvrier de génie. De cette masse uniforme, géométrique, insolemment régulière, il a fait un édifice mouvementé, décoratif, intéressant. L'administration avait divisé ce bâtiment par *directions* et *bureaux*. Le feu, lui, a simplifié cette classification, partageant en trois seulement son œuvre : une forêt vierge, un paravent, une ruche.

A l'extrémité gauche, les arcades accumulées par l'écroulement s'entassent, épaisses et massives comme les troncs d'arbres exotiques, avec des profondeurs de paysage. Des tiges de fer tordues, provenant des balcons, pendent au sommet pareilles à des lianes. Les voûtes s'élargissent comme des feuillages. C'est une forêt de pierres, inextricable, pleine d'ombres, fantastique et puissante. La nuit lui prête d'incroyables aspects.

Au milieu, le bâtiment s'est vidé par derrière, laissant le mur de face debout comme un portant de théâtre. Les ouvertures trahissent son peu d'épaisseur et cet immense paravent semble menaçant au moindre vent. Il a le manque de consistance d'une chose peinte, d'un rideau, d'une apparence.

L'extrémité droite a la physionomie d'une ruche abandonnée. Toutes les constructions y subsistent, mais pour peu qu'on s'en approche, on voit que les cloisons seules demeurent, formant de ce qui fut autrefois une suite d'appartements un amas de cellules tout à fait mélancoliques.

Un seul coin du ministère a été sauvé, celui qui est à l'angle des rues Monthabor et de Luxembourg. Il était occupé par l'administration des forêts et celle des manufactures de l'État.

La colonne Vendôme.

Les débris de la colonne gisent encore à terre. On remarquera que ce qui nous semblait une épaisse couche de bronze était une énorme maçonnerie revêtue d'une chemise légère de métal. Le piédestal, presque intact, semble attendre le nouveau monument que couronnera la statue de la Patrie.

Les Tuileries.

On sait combien le temps avait peu respecté l'œuvre de Philibert Delorme. Des remaniements sans nombre en avaient altéré le plan primitif, en en respectant toutefois l'esprit. Le pavillon central était dû à Ducerceau; la partie du bâtiment qui se termine au pavillon de Marsan avait été construite par Levau, sous Louis XIV; le pavillon de Flore avait été réédifié sous le règne de Napoléon III. Du célèbre architecte de Catherine de Médicis il ne restait guère que le tiers du premier étage.

Encore tout cela, sauf l'extrémité droite, menaçait-il ruine.

L'incendie a été plus clément que la pioche, en ce qu'il laissa debout, quelque temps encore, le squelette de ce grand corps dont l'âme est envolée depuis longtemps.

La partie du monument qui fait face au jardin présente une coloration tout à fait singulière qui, foncée vers le bas et d'un gris noirâtre, a, au sommet, des reflets d'un rose tendre. Soumise à une calcination plus longue, la pierre y a été plus complétement modifiée.

La toiture de la partie centrale a complétement disparu et d'innombrables échancrures varient la ligne de faîte que lui a substituée l'incendie. La carcasse des couronnements quadrangulaires des pavillons extrêmes demeure seule, ne présentant plus qu'une charpente à jour où quelques ardoises sont restées accrochées, comme l'eau aux mailles d'un filet. De l'arête supérieure s'élancent encore les cheminées qui fournissent les dernières données sur la hauteur antérieure de l'édifice. Le pavillon de Flore a beaucoup moins souffert que son pendant, et le bas-relief de M. Carpeaux, qui est un des bons morceaux de la sculpture moderne, est sauvé.

Sur les ailes qui relient les Tuileries au Louvre, le feu n'a sérieusement atteint, du côté du quai, que la longueur de trois arceaux, ce qui le suppose encore fort près de l'extrémité des galéries de peinture. Du côté de la rue de Rivoli, il s'est étendu jusqu'au guichet qui est à la hauteur de l'arc triomphal du Carrousel, consumant beaucoup plus profondément, au point de ne rien laisser ou à peu près entre les murs qu'un amoncellement de chaux et de fer. On dirait, dans cette partie du monument, un four immense et à jour, propre à des travaux cyclopéens.

Du milieu de la place du Carrousel, le désastre apparaît dans tout son développement, découlant le vaste fer à cheval que la flamme a léché, et montrant, spectacle dérisoire, l'horloge centrale encore à sa place, avec son cadran intact et ses aiguilles qui marquent neuf heures moins dix minutes. C'est une chose curieuse que de constater, sur les horloges qui n'ont pas été détruites, l'heure où l'action du feu en a arrêté le fonctionnement. C'est une observation que nous ne manquerons pas de faire toutes les fois qu'il y aura lieu.

Et maintenant une énumération rapide des richesses et des souvenirs qui ont disparu dans ce désastre. Dans la partie à droite du pavillon central, le plafond de la chapelle qui représentait l'*entrée de Henri IV à*

Paris, les décorations de Noël Coypel dans la salle de spectacle. Dans la partie à gauche, le plafond de Nicolas Loir, qui décorait le *salon de la Paix*, les magnifiques tapisseries des Gobelins qui entouraient la *salle du Trône*, un lustre célèbre et le plafond de Flamaël dans la même salle, l'éblouissante ornementation de la *salle du Conseil*, qui contenait aussi deux vases de Sèvres d'un grand prix, les belles copies de *la Farnésine* qui formaient le plafond de la *galerie de Diane*, les peintures de Faustin Besson dans les *appartements de l'Impératrice*.

Que de souvenirs historiques se rattachaient aussi à ce vieux monument! C'est dans l'aile droite qu'était autrefois la grande *salle des Machines*, où fut représentée la *Psyché* de Molière, où Voltaire fut couronné sur le théâtre, après la troisième représentation d'*Irène*, où la Convention siégea après le 10 août 1793. Ce n'est pas, on le voit, seulement aux gloires dynastiques que la flamme a touché en consumant les Tuileries.

La bibliothèque du Louvre.

C'est un raffinement de vandalisme qui a porté l'incendie dans cette partie du Louvre que le feu des Tuileries ne menaçait nullement. Cette bibliothèque, qu'avaient récemment grossie celles des *Tuileries*, de l'*Élysée* et de la *liste civile*, contenait plus de

90,000 volumes. Il faut compter parmi les curiosités perdues la *Vie des Poëtes* par Collet et dont elle possédait les deux seuls manuscrits.

La flamme, en vidant l'intérieur du pavillon, y a laissé des coins de dorure qui font le misérable effet d'oripeaux. C'est que l'ornementation de l'édifice était très-multiple, plus dense que vraiment ingénieuse. Dans la partie moderne du Louvre, c'était un des plus modernes morceaux.

Le Palais-Royal.

Il était une heure dix minutes quand l'horloge s'est arrêtée. De tous les monuments que le feu a atteints, le Palais-Royal est celui qu'il a traité avec le moins de goût, n'en ayant fait qu'une ruine médiocre. Il était dans les destinées de ce malheureux palais d'avoir l'air bourgeois jusqu'au bout. L'incendie a cependant donné quelque profondeur à son pavillon de droite qu'il a très-proprement disséqué, n'en respectant que les cloisons principales qui s'étagent aujourd'hui comme les plans d'un décor. Comme ton, il n'a rien gagné, ayant passé seulement d'un blanc ennuyeux à un gris sale. C'est là que M. de Salvandy se vantait de danser sur un volcan. Eh bien, ce volcan a fait éruption et le spectacle n'a rien de terrible. C'était un petit volcan de famille qui n'avait avec l'Etna que des rapports éloignés.

Des deux frontons de Pajou, un seul, celui de droite, a souffert. Celui qui surmonte le pavillon de gauche est intact. Ce n'était pas d'ailleurs son meilleur ouvrage.

L'intérieur avait renfermé des richesses artistiques qui ont suivi le prince Napoléon.

Quant aux souvenirs qui se rattachent au Palais-Royal, ce qui en reste suffit bien pour les loger. C'est encore une trop bonne auberge pour la mémoire du régent et celle de ses derniers hôtes. N'oublions pas cependant que la première exposition des beaux arts y eut lieu en 1673.

La rue de Rivoli.

En cheminant vers la tour Saint-Jacques, les premières maisons incendiées se rencontrent, sur la droite, aux nᵒˢ 91 et 93, qui font le coin de la place Saint-Germain-l'Auxerrois. Le désastre en est complet et le rez-de-chaussée dans un état tel, que les colonnettes de fer qui soutenaient les étages supérieurs restent seules et donnent à l'ensemble l'aspect d'une construction sur pilotis. Le vide complet de ce qui reste au-dessus achève l'illusion et fait penser à un moulin dressé sur un cours d'eau. Un peu plus loin, au nᵒ 79, ce qui frappe, c'est la conservation des balcons demeurés intacts sur une ruine absolue. Ils se détachent, sur la pierre, très-fins, très-noirs, très-historiés, à peu près comme une dentelle.

Le même effet se retrouve pour les grands magasins de *Pygmalion*, de l'autre côté, au n° 100 de la rue. Telle est l'importance des dégâts, qu'on a dû étayer le bâtiment, sur le boulevard de Sébastopol, par de fortes poutres dont l'inclinaison simule des contre-forts et donne de loin à l'ensemble des airs de cathédrale gothique. C'est une horrible chose que ces incendies commençant à la base même des maisons et laissant les parties supérieures comme suspendues au-dessus d'assises insuffisantes. A l'horreur du premier désastre se joint une menace incessante d'écroulement.

La Tour Saint-Jacques.

Passant, ce que tu rencontreras ici, ce sont des ruines humaines. Nombreuses sont les victimes de cette guerre impie qui dorment sous la terre fraîchement remuée de cet enclos. Ne les réveille ni par ton chant ni par ton rire. Si tu es croyant, tu peux hardiment dire une prière. Si tu n'es que mélancolique, le lieu est bon pour la rêverie; mais ne cueille de fleurs, dans ce jardin, ni pour ta fille ni pour ta fiancée.

Suite de la rue de Rivoli.

Le grand magasin d'habillements qui faisait l'angle
de la place est brûlé. Par une ironie cruelle, l'enseigne seule est restée et montre, sur une plaque de
fer lampée par la flamme, un diable en caleçon vert
qui jette des vêtements aux passants. J'ai cru voir,
un instant, un malheureux employé de la maison mo-
mifié par l'incendie au moment où il jetait ces marchandises par la fenêtre pour les sauver. Juste vis-à-
vis, au n° 86, la boutique d'un bijoutier est également
ment brûlée. Par une fantaisie du dieu qui veille sur
la joaillerie, le balcon du troisième étage a été littéralement doré par le feu. De loin, la ciselure en
paraît admirable. On dirait une merveille vénitienne.
Plus loin les n°s 82 et 84 sont également consumés.
Leurs ruines sont simplement sinistres et n'ont rien
de pittoresque.

L'Hôtel de Ville.

Celles-là sont le chef-d'œuvre du génie qui préside
aux destructions. L'impression en est telle, que je
n'en sais pas d'égale dans l'ordre des surprises de
la vue. Certes, il était charmant dans son architecture tranquille et harmonieuse, ce beau monument

aux lignes correctes, aux symétries impitoyables, avec ses quatre pavillons élégants, son clocheton central et sa façade, chef-d'œuvre de Domenico de Cortone. Les restaurations de Louis-Philippe, qui en fit édifier la partie postérieure, en avaient respecté le caractère. C'était de face un très-beau morceau d'architecture et un honnête bâtiment sur les côtés.

L'incendie en a fait un tumultueux amoncellement de pierres. Les assises ont été zébrées par la fumée; plus haut, les murs ont des transparences rosées et le cadran de l'horloge, en tombant, a mis à nu des rouages rouillés. Au-dessus de la porte principale, la statue de Henri IV, violemment arrachée, a laissé dans le plâtre une empreinte comme celles que font les pétrifications. De la masse s'échappent de frêles tiges de fer et de massives cheminées. On dirait un vaisseau mal englouti dont la mâture dépasse encore la vague. Il semble qu'un grand cataclysme a pu seul causer un tel bouleversement.

En tournant autour de l'Hôtel de Ville, par la rue de Rivoli, on peut mesurer, de ce côté, la profondeur du désastre. Des lucarnes qui font une partie assez désagréable de l'ornementation inférieure donnent de ce côté à l'ensemble l'aspect d'un kaléidoscope colossal; de là se voit tout l'intérieur brûlé de l'édifice. Mais, en levant les yeux, on aperçoit debout sur leurs colonnettes, les statues grêles qui continuent de les surmonter et qui, se détachant sur le fond obscur, semblent autant de petits monuments.

A l'extrémité de cette façade, un gros pilier est presque complétement brisé par un obus.

La partie postérieure de l'édifice est loin d'avoir l'aspect saisissant des autres. La proximité de la caserne Lobau empêche de la voir à distance. Les deux portes en bois sculpté qui la surmontent sont presque intactes.

Mais la façade qui donne sur le quai est tout à fait curieuse. Fouettée par le vent, la flamme l'a littéralement peinte des tons les plus variés, depuis le lilas clair jusqu'au gris-bleu, procédant par larges touches et rappelant les procédés de l'estompe. C'est invraisemblable et comme féerique.

Mais la vue d'ensemble, de l'extrémité du pont, est encore la plus merveilleuse. Le monument se présente alors obliquement avec ses fenêtres ouvertes sur le ciel, dominant un paysage d'arbres roussis, comme aux temps d'automne.

Que d'admirables choses englouties dans ce sinistre! Les sculptures de Jean Goujon dans la *salle du Zodiaque,* le plafond d'*Hercule* de Delacroix dans le *salon de la Paix,* les vingt-huit pendentifs de Lehman dans la *galerie des Fêtes.* Sont regrettables encore, bien qu'à un moindre degré, un plafond de Coignet, les paysages à la fresque de la *galerie de Pierre,* les peintures de MM. Schopin et Vauchelet dans le *salon des Arcades,* un plafond d'Ingres dans le *salon Napoléon* que décoraient aussi des œuvres de M. Landelle. Tout cela est perdu, sans compter une intéressante bibliothèque.

Et comme, en admettant que le palais pût être re-
construit sur les plans anciens, il serait impossible
de lui rendre ces richesses intérieures, le mieux serait
de le conserver dans l'état actuel, avec une plaque
commémorative, afin que, là où la Commune a fait
son œuvre, une ruine demeurât toujours debout.

Derrière l'Hôtel de Ville, la tentative d'incendie
dont la mairie du 4e arrondissement a été l'objet n'a
pas laissé de traces sérieuses. Mais sur la place même,
la maison no 1 qui faisait le coin du quai et contenait
un café, est perdue. Ainsi le no 7, qui était à l'angle
de l'avenue Victoria, dont les deux premières maisons,
de chaque côté de la chaussée, ont été également
très-atteintes. Ce sont d'une part les nos 3 et 5, de
l'autre les nos 2 et 4. Ce dernier comprenait les bâtiments de l'*Assistance publique*. Ceux de l'octroi, qui
font face d'un côté à l'Hôtel de Ville et de l'autre
à la rue de la Coutellerie, ont été également incendiés dans toute leur profondeur.

Quatre maisons également, dans la rue de la Tas-
cherie, qui est à quelques pas, ont été livrées aux
flammes : ce sont les nos 1, 3, 2 et 4. En regagnant le
quai on rencontre

Le Théâtre-Lyrique.

A le voir de face, il semble d'abord avoir peu souffert. Cependant la loge, qui en constituait le second

étage et qui était un des moins mauvais morceaux de son architecture générale, est noircie à l'intérieur, ne laissant voir que quelques débris de portes dorées, sinistres débris d'une décoration qui ne manquait pas de goût. En en faisant le tour, on se convainc rapidement de l'étendue du désastre. A la partie postérieure, la scène apparaît béante, devant les débris des gradins. Et cela n'a pas la grandeur des amphithéâtres romains en ruine, parce que des lambeaux de velours roussi, des franges dorées pendent encore aux colonnettes dont la flamme a écaillé les marbrures artificielles. C'est l'horreur d'une chose actuelle, immédiate, d'une infortune privée.

Il ne restera guère de cet édifice que le souvenir de Mme Carvalho, qui y eut ses meilleurs succès.

Saint-Eustache.

En redescendant par la rue des Halles on arrive place Saint-Eustache, où l'église n'a souffert que sur un point, malheureusement très-intéressant. La partie où se trouve l'horloge qui marque encore sept heures et demie a été partiellement incendiée.

DEUXIÈME JOURNÉE.

Après la navrante promenade que nous avons faite hier à travers les décombres recouvrant maintenant des richesses immenses et nos souvenirs historiques les plus précieux, l'âme est attristée, et volontiers le regard se porterait ailleurs pour chercher un spectacle moins douloureux. Mais les désastres sont là, encore tout fumants; il faut les voir, il faut constater par soi-même tout ce que peut accomplir le délire servi par des êtres sans nom qui se mettent à son service.

Poursuivons donc nos pérégrinations à travers les ruines de la grande cité.

A partir de la mairie du 4ᵉ arrondissement, la rue de Rivoli n'offre, à vrai dire, que l'aspect ordinaire des révolutions : des traces de balles un peu partout, et de loin en loin de fortes entailles produites par les gros projectiles.. C'est seulement à la hauteur du temple évangélique, en approchant de la Bastille, que les dégâts prennent une réelle importance. Le temple lui-même est si fortement endommagé que l'on croirait à un commencement de démolition.

Les maisons qui lui font suite sont à peu près aussi maltraitées.

On sent qu'en cet endroit la lutte entrait dans toute son énergie, et si aucun incendie ne s'y est produit, c'est grâce à la vigueur et à la promptitude de l'attaque.

Entre autres maisons désignées pour être livrées aux flammes, nous pouvons citer les Phares de la Bastiles. Tout était préparé pour l'exécution. Mais, ne tenant aucun compte des menaces, les garçons de magasin résistèrent, et cette résistance ayant amené du retard, la maison fut sauvée.

A première vue, le visiteur se trouve entraîné à se porter immédiatement au centre de la place de la la Bastille pour embrasser d'ensemble les effets de la destruction. Cependant nous avons pensé que dans son intérêt il était préférable de le guider ailleurs et de le ramener à ce point par une voie opposée.

En prenant à droite, par le boulevard Bourdon, il

n'est pas besoin de chercher longtemps pour satisfaire la curiosité. Des murs rougis par les flammes vous indiquent une station, celle de l'Arsenal.

Les deux forts bâtiments demi-circulaires qui forment la moitié de la place ont été complétement brûlés. Des pierres calcinées seules sont restées debout.

Moins de dix hommes ont suffi pour accomplir cette œuvre de destruction. Il est vrai que, comme ailleurs, ils avaient pour auxiliaires la torche et le pétrole.

L'incendie de ces bâtiments faillit coûter la vie à dix-sept pauvres femmes qui y étaient restées. On nous a affirmé même qu'elles y furent enfermées violemment. Mais nous voulons douter encore de ce raffinement de cruautés. Quoi qu'il en soit, enfermées ou bien oubliées, elles étaient déjà enveloppées par les flammes quand de courageux citoyens pratiquèrent une brèche par derrière et les enlevèrent ainsi à une horrible mort.

Ces deux corps de bâtiment n'étaient pas, comme on pourrait le supposer, un dépôt de munitions. Détachés depuis longtemps de tout ce qui constituait autrefois l'Arsenal, ils servaient à la direction de l'Artillerie, ainsi que l'indique une plaque restée intacte et placée au-dessus d'une des entrées principales.

Quant à la capsulerie, elle n'a été atteinte que très-légèrement.

Plus heureuse encore a été la bibliothèque, qui renferme au moins deux cent mille volumes et plus de dix mille précieux manuscrits. Protégée par une haute maison, elle a pu échapper aux flammes de l'Entrepôt, dont elle est à une faible distance.

Les premières constructions de l'Arsenal remontent au xive siècle. Ce furent d'abord plusieurs dépôts d'armes. François Ier et Henri II y ajoutèrent divers bâtiments. Mais le tout fut détruit en 1562 par une forte explosion de poudre.

L'Arsenal fut cependant, vers cette époque, rebâti à nouveau et avec beaucoup plus d'extension. Enfin, en 1718, l'ensemble fut presque entièrement réédifié, ayant pour limite la Seine et les environs de la Bastille. Aujourd'hui ces deux points extrêmes des anciennes constructions sont séparés par la rue de l'Orme.

L'Arsenal laisse de nombreux souvenirs historiques.

« Cet édifice, dit Théophile Lavallée, à cause de son voisinage de la Bastille, fut plusieurs fois occupé par des commissions judiciaires. C'est là que fut jugé Fouquet; c'est là que se tint la Chambre ardente devant laquelle comparurent la Voisin, le maréchal de Luxembourg, la duchesse de Bouillon et tant d'autres. »

Les bâtiments de l'Arsenal ont été habités par Mme de Genlis, Alexandre Duval, etc.; c'est là qu'est mort Charles Nodier.

Disons adieu à l'Arsenal pour nous reporter sur le boulevard Bourdon. L'incendie nous attend là dans sa plus longue étendue.

Cet immense bâtiment, qui se prolonge parallèlement au canal, n'a pas moins de trois cents mètres de façade. Ce fut d'abord l'Entrepôt ou Grenier d'abondance ; depuis quelques années, il était devenu un établissement particulier, mais il était toujours un entrepôt. Au moment où nous écrivons, il s'en exhale une odeur insupportable, résultat de la combustion des marchandises qui s'y trouvaient emmagasinées. Les pertes paraissent incalculables.

Il est presque inutile de dire de quelle façon il fut incendié : les traces des flammes bleues, très-apparentes, indiquent suffisamment que le pétrole y fut prodigué en très-grande quantité.

On se détache difficilement de cet immense squelette de bâtiment. Bien des fois l'œil en mesure la longueur, et des sortes de galeries qui le dominent encore l'imagination croit voir apparaître le bataillon des Furies de la destruction.

Du Grenier d'abondance à la maison de l'écluse il n'y a qu'un pas, en tournant à gauche. Elle est bien tristement arrangée, cette simple et solide habitation de l'homme qui est chargé de donner le passage aux bateaux qui se dirigent en Seine. Elle a reçu alternativement les projectiles fédérés partant de la Bastille et ceux non moins durs de l'armée partant du Jardin des Plantes.

Si les malheurs du voisin pouvaient être une consolation des siens propres, cette consolation se trouverait dans la maison d'en face, au restaurant Trousseau. C'est vainement qu'on y voudrait jouir des charmants jardinets qui en faisaient l'ornement..On y lit bien encore : *Mateloles et fritures,* mais ce qu'on peut constater réellement, c'est que l'établissement, à moitié démoli, a payé cher d'être placé comme l'éclusier, au milieu du combat d'artillerie.

Néanmoins tout n'est pas décombres en ces lieux, et, pour peu qu'on soit ami de la végétation ou un brin vigneron, l'attention se porte sur un plant de vignes soigneusement entretenu par l'éclusier. Protégé par les parapets du pont du canal, il a pu échapper à tous les effets du combat. Il est resté tel que nous le voyons et l'admirons depuis plus de dix ans, avec ses petits arbres fruitiers et ses vignes coquettement entretenues; pas un cep ne paraît avoir été touché, pas une feuille ne semble manquer à l'appel. Heureux éclusier ! qu'il reçoive nos félicitations pour les instants de repos que nous avons passés à contempler les soins assidus qu'il donne à ce coin de terre si pittoresque et complétement ignoré des Parisiens.

Après cet épanchement vers la nature qui semblera peut-être hors de saison, continuons notre ronde à travers la dévastation. Avant de quitter cet endroit, constatons en passant que c'est à quelques pas de là,

après l'armistice, que la populace précipita dans la
Seine, les mains liées, un homme qu'elle soupçonna
avoir fait partie de la police de l'Empire.

Nous trouvons tout d'abord à peu près détruit le
bal d'Austerlitz, dont nous avons entendu si souvent
la bruyante musique faire appel à la jeunesse des environs; puis, un peu plus loin, l'entrée de la rue La-
cuée, dont plusieurs maisons sont brûlées. Puis vient
encore le boulevard Mazas et toujours des maisons
brûlées ou à peu près démolies.

Ici, nous entrons en plein quai de Bercy. Malgré les
nombreux boulets qui ont marqué leur passage à travers les maisons, nous n'aurions peut-être pas entre-
pris ce quasi-voyage, si nous ne savions que là-bas,
loin du centre de l'insurrection, il est des désastres
qui ne peuvent rester sans publicité.

Comme temps d'arrêt, nous rencontrons après le
pont de Bercy deux maisons effondrées par les suites
de l'incendie, celle du café Lyonnais, tenu par
M. Buffier, et une autre qui lui fait suite. On attribue
diversement cet incendie à une canonnière fédérée et
à l'artillerie du Jardin des Plantes.

Il nous faut marcher encore pour prendre la rue
Gallois et arriver à l'église et à la mairie de Bercy,
but de notre tournée.

Pour la plupart, les citoyens de Bercy, ceux du
52e bataillon surtout, sont d'anciens républicains qui

protestèrent plus d'une fois sous l'Empire, alors qu'il y avait danger à le faire. Mais hommes de raisonnement, ils ne prirent point part au mouvement du 18 mars. Ils supposaient qu'on les laisserait dans leur saine tranquillité. Il n'en fut rien, et la mairie fut occupée par les fédérés.

Ils ne devaient pas non plus échapper à la fièvre de l'incendie. Le jeudi, lorsqu'on sentit l'approche des troupes, deux camions de pétrole furent amenés : un pour la mairie, l'autre pour l'église. On chercha aussi à placer une pièce de 24; mais les habitants firent si bien qu'on ne put y parvenir. Malheureusement la nuit vint, et, au milieu de l'obscurité, on vit sortir des gerbes de flammes : la mairie et l'église brûlaient en même temps.

Comme complément de cynisme, les femmes qui avaient mis le feu dansèrent une ronde autour de l'église.

C'est alors que le cocher du docteur Morisson, dont la maison est contiguë à la mairie, aidé des employés du chemin de fer de Lyon et des voisins, parvint à sauver cinq registres de l'état civil et à localiser l'incendie. Il fit également rouler un tonneau de poudre hors de l'atteinte du feu.

Aujourd'hui la mairie est détruite complétement, et de l'église il ne reste plus que les murailles, qui semblent, malgré tout, protester de leur solidité.

Revenons par la rue de Bercy jusqu'au boulevard

Mazas où, en passant, nous constatons la destruction d'une partie du bâtiment de l'exploitation du chemin de fer de Lyon. Il y avait, nous assure-t-on, dans les bureaux incendiés pour 20 à 30 millions de francs de bordereaux soumis à la comptabilité.

Après avoir jeté un coup d'œil sur la prison de Mazas qui renferma les otages qui devaient plus tard être des victimes, nous continuons la rue de Lyon, où plusieurs maisons ont été fortement atteintes par les projectiles.

La maison portant le n° 49 a été détruite par l'incendie. Les renseignements fournis indiquent que c'est un acte de vengeance contre les habitants, qui refusèrent de marcher avec les fédérés.

Nous voici enfin revenus au rendez-vous traditionnel des insurrections, place de la Bastille. Bien qu'il nous paraisse difficile d'en faire la description dans tous ses détails, si grands sont les dégâts, nous signalerons cependant la gare de Vincennes percée de toutes parts; la maison qui fait la pointe entre la rue de Charenton et la rue du Faubourg-Saint-Antoine. Nous la retrouvons dans le même état où nous la vîmes lors de l'insurrection de Juin, c'est-à-dire abîmée.

A l'entrée de la rue de la Roquette, c'est encore

comme un souvenir de Juin, mais cette fois avec une forte aggravation. A cette époque, on comptait deux maisons incendiées ou démolies; aujourd'hui, le chiffre monte jusqu'à quinze. Espérons que ce sera le maximum, si nous devons avoir encore des révolutions !

L'entrée du boulevard a payé sa quote-part par deux maisons incendiées.

En dehors de ces désastres, il est un fait qui ne peut être passé sous silence : c'est la tentative de faire sauter la voûte du canal qui passe sous la place.

Depuis deux jours une assez grande quantité de poudre y avait été entassée; heureusement que, faisant défaut ailleurs, on fut obligé de l'enlever. Il ne restait plus dès lors que les bateaux contenant le liquide incendiaire; et comme ils ne pouvaient produire d'explosion, la voûte fut seulement roussie et la colonne ne sauta pas. Voilà pourquoi nous la voyons encore debout, quoique percée par les boulets, et voilà pourquoi encore les os des combattants de Juillet et de Février, déposés dans les caveaux, n'ont pas été lancés sur les toits des maisons du quartier.

Nous laissons la rue de la Roquette aux dernières maisons incendiées, et nous entrons à gauche, rue Sabin, pour gagner la rue Sedaine, en suivant la retraite des fédérés vers la mairie du 11e arrondissement.

La rue Sedaine est presque une exception par les décharges nombreuses qui s'y sont faites et par les traces qu'y ont laissées les balles. Aucune maison n'en est exempte, et cela dans tout le parcours de la rue. Les plus maltraitées sont celles portant les numéros 10, 12, 14, 16, 17, 18, 48 et 56.

La mairie du 11e arrondissement, où nous arrivons, a relativement peu souffert : un commencement d'incendié et quelques écaillures.

C'est de ce refuge désespéré que partirent les derniers ordres de la Commune; mais, une fois la Bastille enlevée, la résistance était devenue impossible et inutile : membres de la Commune et gardes nationaux abandonnèrent la position, et laissèrent à la troupe le soin d'éteindre l'incendie qu'ils avaient tenté d'allumer.

Quittons la place en remarquant que la statue de Voltaire a reçu quelques atteintes de projectiles.

Laissant la mairie derrière nous, suivons le boulevard Voltaire pour arriver au Château-d'Eau.

A la bifurcation du boulevard Richard-Lenoir, nous retrouvons l'emplacement d'une des plus fortes barricades qui aient été établies, et l'une de celles qui furent défendues avec le plus d'acharnement. Aussi

les maisons voisines ont-elles eu beaucoup à souffrir,
comme on peut le constater. Plus loin, à gauche, à
l'entrée de la rue Saint-Sébastien, les maisons sont
criblées par les projectiles fédérés qui partaient de
cette barricade pour empêcher les troupes de s'établir
dans ces maisons. Il n'est pas jusqu'à l'établissement de Ba-Ta-Clan qui n'en ait reçu une forte distribution.

A mesure que nous approchons du Château-d'Eau,
nous retrouvons les incendies.

Aux numéros 28, 22, et 20, incendies; les Délasse-
ments-Comiques, de construction récente, incendie
complet. Incendiées encore les maisons des numéros 1, 2 et 4.

C'est à quelques pas de la formidable barricade
construite au bas de ces maisons, que le dernier dé-
légué à la guerre, le citoyen Delescluze, tomba percé
de plusieurs balles.

L'effroyable aspect de la place du Château-d'Eau
ne surprendra pas si on veut bien se rendre compte
que ce point central était battu de tous les côtés à la
fois. Les fédérés tiraient du boulevard Voltaire, du
boulevard du Temple, du faubourg du Temple; des
obus y arrivaient également des buttes Chaumont et
du Père-Lachaise. La troupe tirait des rues du Temple
et Turbigo, du boulevard Saint-Martin et du boulevard Magenta; enfin des projectiles partant de Mont-

martre venaient compléter cet épouvantable concert.

Il est dès lors facile à comprendre pourquoi rien n'y manque en fait de démolition et d'incendie.

La caserne, pour sa part, est restée un vrai modèle d'écumoire.

Nous continuons ce triste tableau par le boulevard Saint-Martin, en signalant une maison incendiée sur notre droite, et nous arrivons en face d'un amas de décombres que surmonte encore un cintre : c'est là qu'était le théâtre de la Porte-Saint-Martin.

Le grand mur qui fermait la scène sur la rue de Bondy est seul debout. Tout le reste n'est que ruines. Ce malheureux théâtre avait déjà été brûlé en 1828. Bien des succès populaires l'avaient illustré depuis et il avait eu l'honneur, il y a deux ans, de représenter *Cadio*, ce chef-d'œuvre de George Sand, que les lettrés n'ont pas oublié.

Tout à côté, à droite, sur le boulevard, le café qui y attenait a tout un côté brûlé. C'était encore un lieu plein de souvenirs. Les auteurs dramatiques n'avaient pas cessé de le fréquenter, depuis Coignard, qui y venait tous les soirs, jusqu'à Paul de Kock, qui y faisait d'admirables effets de souliers à la poulaine. Paulin Ménier y passait, chaque jour, des heures sans quitter ses gants blancs.

Pour terminer, disons un adieu à cet établissement

célèbre, où se firent de si joyeuses noces, où se dé-
firent tant de jarretières : Défieux n'a pas survécu à
la Porte-Saint-Martin : les mêmes flammes les ont en-
gloutis le même jour.

Fatigués physiquement et moralement de notre
long parcours et des afflictions que nous y avons ren-
contrées, nous renvoyons à demain la suite de nos
pérégrinations à travers la guerre civile.

TROISIÈME JOURNÉE.

Faubourg Saint-Martin.

La porte Saint-Martin est notre point de départ aujourd'hui.

Servant de protection aux fédérés d'abord, aux troupes ensuite, le monument devait supporter les conséquences de sa situation : de toutes parts il a été criblé par les balles.

Ce qui étonne agréablement en entrant dans la rue du Faubourg-Saint-Martin, c'est l'insignifiance des dégâts. Sans doute il y a des devantures écornées, des enseignes traversées, mais ce n'est rien en comparaison de ce que nous y vîmes dans les autres insurrections. On sait du reste que la lutte n'y a été que de peu d'importance. Aussi n'est-ce pas sans surprise que, arrivé à la hauteur de la mairie du 10ᵉ arrondissement, nullement atteinte, on voit réduites en cendres trois maisons qui lui font face, et dont la principale était occupée par l'établissement du *Tapis-Rouge*. Des vêtements, des tableaux et d'autres objets encore suspendus aux murailles attestent une fuite précipitée.

On ne peut pas admettre que là, pas plus que dans bien d'autres endroits, on ait eu pour intention d'arrêter la marche des troupes, puisqu'il n'y avait presque pas de combat. On croit à un acte de vengeance contre l'un des propriétaires du *Tapis-Rouge,* capitaine d'une compagnie de marche du 24e bataillon, qui a fait son devoir pendant le siége, mais qui ne consentit jamais à subir les ordres de la Commune.

Le haut du faubourg a été plus maltraité, sans pourtant qu'il y ait eu de graves dommages.

Les Docks.

Ce qui frappe tout d'abord, en débouchant au boulevard extérieur par le faubourg Saint-Martin, ce sont de hautes murailles aux lignes régulières, qui semblent de vrais modèles de dessin linéaire. Mais en pénétrant plus avant, on se trouve au milieu d'un épouvantable désastre. Les immenses bâtiments des docks gisent à terre et ferment pour ainsi dire l'entrée des bassins du canal.

La solide rotonde est restée debout, spectatrice de l'incendie.

Les docks contenaient pour une vingtaine de mil-

lions de francs de marchandises précieuses, et plus
spécialement des soieries et des porcelaines. Les premières flammes sortirent du magasin à fourrage
établi sur le quai de la Seine, du côté de la rue de
Flandres.

L'incendie de ces bâtiments n'est malheureusement
pas le seul que nous ayons à constater ici. La rage
incendiaire ne pouvait s'arrêter en si beau chemin.

A l'extrémité du bassin, et comme fond du sinistre
tableau, il y a des ruines aussi importantes que nous
visiterons, en suivant à droite le quai de la Loire
jusqu'au pont tournant, qui fait suite à la rue de
Crimée.

Les désastres ne sont pas moins considérables là
que vers la rotonde. — Des deux grands bâtimens il
ne reste que des décombres, parmi lesquels on aperçoit quelques sacs de grains éventrés.

Les marchandises emmagasinées se composaient,
en grande partie, de blé, farine, colza, café et autres
provenances coloniales.

Un bras du canal amenait sous une petite voûte
les bateaux à décharger. — En temps ordinaire, il était
peu d'endroits où il se déployât une plus grande activité. C'était un va-et-vient incessant de travailleurs,
de chariots, auquel se mêlait le fonctionnement des
grues et des palans servant au chargement et au dé-
chargement des marchandises.

De toute cette activité, de tout ce matériel, il ne reste plus que le souvenir.

Des magasins, le feu s'est communiqué aux maisons voisines; de quatre au moins, on ne voit plus que des murs calcinés.

Les buttes Chaumont.

En revenant sur nos pas, par la rue d'Allemagne, jusqu'à la rotonde, nous entrons, à gauche, dans la rue de Puebla, qui conduit aux buttes Chaumont de funeste mémoire.

A cette petite plaine qui se trouve devant nous, au bas des buttes, se rattache un souvenir de la guerre de 1814. — C'est là qu'une charge de cavalerie ennemie s'engloutit en partie dans les bassins servant alors de réservoirs aux fosses de Paris. La superficie, recouverte d'une paille trompeuse et répandue à dessein sur les bords, servit à ce piége d'un goût douteux.

C'est dans ces parages qu'était placée la série des sinistres gibets de Montfaucon, au nombre de seize. Les cadavres y restaient suspendus jusqu'à ce qu'ils fussent réduits à l'état de squelettes.

Les condamnés les plus célèbres qui subirent le supplice, ou qui furent apportés aux gibets de Montfaucon après leur mort, furent Enguerrand de Marigny, Philippe le Long, Jean de Montaigu, Pierre de

Essarts, Ollivier le Daim. C'est encore là que furent pendus, après les massacres de la Saint-Barthélemy, les cadavres de l'amiral Coligny et de bien d'autres victimes, que la cour de Charles IX venait contempler dans ses loisirs.

Mais laissons ces lugubres souvenirs pour nous occuper de notre époque, qui elle aussi restera inscrite dans l'histoire.

C'est par cette sorte de route qui serpente que furent traînés jusqu'au sommet les pièces de canon qui devaient, deux mois plus tard, jeter l'épouvante et répandre l'incendie dans Paris. Vingt ou trente gardes nationaux et quelques centaines d'enfants se chargèrent de cette besogne. En suivant cette route, nous-mêmes nous arrivons à la plate-forme où se fit tant de vacarme.

On comprend que la position ne pouvait être mieux choisie pour dominer la ville. Lorsque nous la visitâmes, le lendemain de son occupation par les troupes, elle était encore garnie de ses pièces de canon ; l'intérieur des parapets renfermait des projectiles en quantité ; les obus à pétrole n'y manquaient pas.

Pendant les trois premiers jours du combat, les fédérés purent y rester en toute sécurité ; de l'intérieur de la ville, l'artillerie de l'armée n'y pouvait rien. Mais à partir du jeudi, les canons de Montmartre, qui dominaient ceux des buttes Chaumont, y firent pleuvoir une grêle d'obus ; les grands trous qu'on remarque un peu partout en sont le résultat. La position n'était plus tenable.

Enfin, dans la nuit du samedi au dimanche, les buttes furent occupées par les troupes.

Le pan de mur que nous voyons en descendant à l'est ne faisait nullement partie d'une construction démolie par les projectiles, comme on pourrait le supposer; il est depuis longtemps dans cet état. Les innombrables trous de balle dont il est percé proviennent de cibles que les gardes nationaux avaient établies pendant le siége.

Sur plusieurs points des parties inférieures des buttes, se trouvent des fosses contenant les cadavres des gardes nationaux pris dans les environs et fusillés en cet endroit.

Avant de quitter les buttes, regardant à droite le boulevard extérieur, nous voyons les restes de la grande usine Falck, qui a été détruite par l'incendie; puis à gauche, dans une petite rue aboutissant au boulevard du Combat, l'établissement Lapostollet, détruit de la même façon.

Belleville.

Pour nous rendre à Belleville, nous reprenons la rue de Puebla, qui contourne une partie des buttes, et que nous rencontrons du côté opposé à celui par lequel nous sommes arrivés.

Après nous avoir montré, à notre droite, une maison à moitié effondrée et quelques autres assez fortement atteintes, la rue de Belleville offre un contraste frappant avec les dégâts que nous avons constatés sur notre passage, depuis le commencement de la journée.

Belleville, en effet, a peu souffert et, pour ainsi dire, n'a pas eu de combats sérieux, à la hauteur de la part qu'on lui attribue dans l'insurrection. Il faut arriver dans le bas, vers le boulevard extérieur, pour retrouver les véritables traces de la lutte.

Faubourg du Temple.

A partir de la rue Saint-Maur, toujours en descendant, nous trouvons les maisons abîmées par les balles et les boulets. Mais les dégâts les plus considérables commencent à la rue Bichat, et sont effrayants à l'entrée de la rue Fontaine-au-Roi et sur les bords du canal. La dernière et grande maison de gauche est brûlée; celle qui lui fait suite sur le quai est tout à fait inhabitable.

Sur l'autre rive du canal, en face de nous, la maison du liquoriste est des plus endommagées. Quant à celle placée à sa gauche, la toiture est descendue au troisième étage, et du troisième au deuxième. Les prévoyants locataires avaient collé des bandes de papier sur les vitres de leurs fenêtres pour les empê-

cher de se briser au bruit du canon, mais ce qu'ils
ne purent protéger c'est la maison elle-même et dans
son entier.

Un coup d'œil, jeté à droite et à gauche du canal,
suffit pour se convaincre que toutes les maisons ont
reçu de fortes atteintes du combat qui s'est livré en
ces lieux.

En voyant ces incendies, en examinant ces désastres, nous nous rappelons les paroles du comman-
dant qui, de la rue Vicq-d'Azir, envoyait des ordres
aux buttes Chaumont, paroles entendues par une
personne qui fuyait et qui nous les a rapportées :

« — Allons ! deux obus à pétrole sur le bas du
faubourg ! Encore ! Toujours ! »

Ce n'est pas à Belleville, ainsi qu'on l'a écrit, que
s'est terminée l'insurrection, mais bien entre la rue
du Faubourg-du-Temple et la rue Oberkampf, vers
les rues des Trois-Bornes et des Trois-Couronnes, à
la hauteur de la rue Saint-Maur. C'est de là que le
dimanche, vers deux heures, sont parties les dernières détonations.

Ainsi se termine notre troisième et dernière journée sur la rive droite.

En dehors des points que nous avons parcourus, il
en est deux que nous ne voulons et ne pouvons pas-

ser sous silence : c'est le Père-Lachaise et Montmartre. Seulement nous avons pensé qu'il était préférable, vu leur éloignement, de leur consacrer une
page à part, pour que le visiteur pût s'y rendre à
volonté.

Le Père-Lachaise.

S'il est un lieu qui eût dû être respecté par l'insurrection, c'est assurément ce cimetière. Mais la
position parut propice, et les fédérés se soucièrent
peu des profanations qu'ils allaient commettre.

On croit généralement que les gardes nationaux
ne prirent possession du cimetière qu'à la dernière
extrémité, et comme d'un refuge. C'est une erreur.
Le samedi, c'est-à-dire vingt-quatre heures avant
que les troupes eussent dépassé les remparts d'Auteuil, des officiers étaient venus examiner les positions, et, malgré les protestations des gardiens, peu
après arrivèrent deux pièces de sept, qui furent placées au bas de la chapelle.

Mais, comme il s'agissait plutôt de tirer sur Paris
que de défendre l'entrée du cimetière, ces pièces
furent enlevées et remontées plus haut, sur le point
culminant où se trouve le tombeau du duc de Morny;
le tombeau lui-même servit de réserve pour les munitions. D'autres pièces furent encore amenées; puis
on en plaça également deux autres au pied de

la pyramide de la famille Beaujour, ce monument célèbre qui s'élève comme un phare au milieu des autres tombes. L'intérieur servit de corps de garde. Lorsque nous le visitâmes nous y remarquâmes les traces du dernier repas qui y avait été pris.

Les obus à pétrole étaient là en assez grande quantité sur le sol.

Les positions prises dans le cimetière par les fédérés étaient bien propres à remplir le but qu'ils s'étaient proposé. L'œil embrasse dans les moindres détails les grandes voies de la capitale et les endroits qui ont été si rudement éprouvés par l'incendie.

En plus de l'artillerie qui joua le grand rôle au Père-Lachaise, il nous fut facile de reconnaître que des postes avaient été établis au delà des batteries pour éviter une surprise qui viendrait du côté de Charonne.

En somme, par le nombre des bivouacs que nous avons rencontrés, il nous est permis de dire que le chiffre des gardes nationaux ne devait pas s'élever au-dessus de trois à quatre cents.

Il semble que les troupes n'aient pas pris au sérieux, pendant les premiers jours, l'occupation du Père-Lachaise : elles ne ripostaient pas. Mais à la fin Montmartre tira dessus à toute volée.

Néanmoins les dégâts ne sont pas considérables : sept ou huit tombes détruites et dix ou quinze endommagées.

Le samedi soir, huit jours après leur entrée dans

le cimetière, les fédérés songèrent à en déménager, et même avec une certaine précipitation, sentant que les troupes approchaient. Mais tous ne réussirent pas à se sauver : quelques-uns furent pris et fusillés.

Dans le fond du cimetière se trouve le théâtre de l'expiation : le long du mur de Charonne, on remarque de nombreuses traces de balles; en cet endroit furent fusillés cent quarante-sept gardes nationaux sortis de la Roquette, où ils étaient prisonniers. Tous avaient été pris en défendant les barricades du 11e arrondissement. A quelques pas, en remontant, on remarque de larges fosses fraîchement recouvertes : ce sont encore des gardes nationaux fusillés soit à la Roquette, soit aux barricades.

Nous arrêtons ici cette triste énumération, que nous n'aurions point faite, si nous ne tenions à renseigner scrupuleusement le visiteur.

La Roquette.

Pour arriver au Père-Lachaise on passe à cet endroit toujours lugubre qui s'appelle la Roquette, et qui est la dernière station des condamnés à mort. C'est dans l'enceinte de cette prison que furent fusillés Mgr Darboy, M. Deguerry, curé de la Madeleine, et les autres otages victimes de la Commune.

Si le regard se porte à terre, il rencontre les

pierres qui supportent l'instrument du supplice.
En quittant la Roquette on n'est point porté à la
gaieté; bien vite on cherche une voiture qui vous en-
traîne au loin, à la recherche d'un peu de distrac-
tion.

Montmartre.

Malgré sa réputation et son artillerie, Montmartre
n'a fait qu'une résistance presque insignifiante, et
personne ne songe à s'en plaindre. Si nous en par-
lons, c'est uniquement pour rappeler que c'est sur ces
hauteurs que se firent les premières manifestations
qui précédèrent le 18 mars et que furent traînés les
malencontreux canons qui servirent de prétexte à l'insurrection.

Une partie de l'artillerie, mitrailleuses comprises,
fut placée sur le côté nord des buttes; mais le vrai
parc d'artillerie se trouvait au-dessus, à côté de l'ancienne tour du télégraphe. L'entrée en était formelle-
ment interdite à tout citoyen qui n'était pas de garde
à ce poste d'honneur.

Lorsque, conjointement avec les buttes Chaumont,
on y établit un système de résistance, on était loin
de se douter qu'un jour partiraient de Montmartre
les obus qui jetteraient le désarroi et la mort parmi
les défenseurs des buttes Chaumont.

La partie de Montmartre qui fut la plus utilisée par

les fédérés se trouve entre l'établissement Debray, où se voit encore un vieux moulin à vent qui reste pour enseigne, et le grand cimetière Montmartre.

Les pièces établies en cet endroit par les fédérés tiraient dans la direction d'Asnières et un peu sur Gennevilliers. Mais elles ne produisirent guère qu'un effet à peu près illusoire, et leur action fut complétement nulle, lorsque les troupes se présentèrent et prirent possession de Montmartre.

En un mot, cette partie si redoutable de la défense n'a été terrible que de nom. — Dieu en soit loué!

Un douloureux souvenir pourtant restera : c'est l'exécution des généraux Lecomte et Clément Thomas.

Ce fut le premier crime d'une trop longue série. Les visiteurs ne peuvent quitter Montmartre sans faire une visite à la rue des Rosiers. D'un même coup ils verront les lieux où expirèrent les généraux et Varlin, le membre de la Commune.

En redescendant de Montmartre, par la rue Fontaine, on trouve, place Saint-Georges, les ruines de l'hôtel de M. Thiers. Un seul étage est encore debout, le premier, fortement échancré et pareil à la mâchoire d'un squelette.

RIVE GAUCHE

QUATRIÈME JOURNÉE.

Le sens dans lequel l'exploration de la rive gauche doit être logiquement entreprise dépend évidemment du point de départ. Supposant, ce qui est le cas le plus général, que le pèlerin qui veut bien nous prendre pour cicerone habite le centre de Paris, nous le conduirons tout d'abord, par le *pont au Change*, sinon par le collet, à la

Préfecture de Police.

L'incendie qui n'a respecté qu'à demi les dernières constructions, objet de la sollicitude impériale, a détruit deux bâtiments auxquels s'attachaient d'intéressants souvenirs historiques et qui avaient fait partie de l'ancienne rue de Jérusalem. Cette rue célèbre et diffamée, non pour avoir vu naître Boileau, mais pour les intrigues policières dont elle fut le théâtre, était devenue, par suite des constructions nouvelles, l'impasse conduisant au cabinet du *préfet de police*. Ce qui est bien autrement digne de mémoire, c'est que la *Satyre Ménippée* y fut composée par les deux Gillot, Florent Chrétien, Nicolas Rapin et Pierre Pithon, habitants du n° 5 de ladite rue.

En face de cette maison même, et dans le corps de l'édifice qui formait l'angle des rues de Jérusalem et de Nazareth, se trouvait un vaste appartement dont la principale pièce, divisée par arcades, avait un plafond en voussure d'une architecture très-intéressante. Un bien autre homme que Nicolas Despréaux y était né, en 1694, de messire François Arouet et de Marguerite Daumart, lequel s'appela tout naturellement Voltaire. Les *communeux* furent absolument dans leur rôle en supprimant un souvenir de cet immortel représentant du bon sens.

Aujourd'hui il ne reste rien, en réalité, de l'édifice élevé, en 1607, sous le nom d'*Hôtel de la Présidence* et qui avait eu l'honneur de loger M. Piétri.

Palais de Justice.

En longeant le quai, de façon à le contourner, au coin du *pont au Change*, on constate les dégâts de la flamme, dans la région que les tours de Montgommery et de César caractérisent d'un style si sévère, et dont le trottoir était la promenade favorite des membres de la cour de cassation. C'est une des plus vives joies qui se puissent éprouver que de retrouver intact le charmant pavillon d'angle que surmonte la tour où Charles V avait fait apposer la première horloge, laquelle portait ce sentencieux dicton :

Sacra Dei celebrare pius, regale lime jus.

produit du cerveau de Jean Passerat.

Légèrement estompée de gris par la fumée des incendies voisins, la tour n'a cependant aucun dommage. Mais en avançant vers la façade du palais, l'œuvre du feu reparaît, large et profonde. Le monument est demeuré massif comme la carcasse d'un mammouth et semble vide comme une bête étripée. « Où est la chambre de l'empereur Sigismond? celle de Charles IV? celle de Jean-Sans-Terre? Où est l'escalier d'où Charles VI promulgua son édit de grâce? la salle où Marcel égorgea , en présence du Dauphin, Robert de Clermont et le maréchal de Champagne? le guichet où furent lacérées les bulles de l'antechrist Bénedict et d'où repartirent ceux qui les avaient apportées, chapés et mitrés en dérision, et faisant amende honorable par tout Paris? » Ainsi parlait déjà Victor Hugo dans *Notre-Dame de Paris*. Que dire aujourd'hui!

Des souvenirs multiples se rattachaient à la *salle des Pas-Perdus*, qui se trouve, comme on sait, dans la partie droite du corps de bâtiment, bien qu'il n'y

restât rien des magnificences dont saint Louis en
avait fait le théâtre. C'était assurément un des endroits de Paris ayant la physionomie la plus curieuse,
le vrai temple des *Chicanous,* comme parlait maître
Rabelais.

De l'autre côté du pavillon central, derrière des
murs dentelés par le feu, apparaît radieux l'admirable clochéton de la Sainte-Chapelle et la fine toiture en lame de couteau qu'elle surmonte. J'ai dit
que la flamme était artiste quelquefois. Elle semble
l'avoir prouvé en respectant ce chef-d'œuvre qui
apparaît aujourd'hui comme un coffret précieux de
fine orfévrerie sur une table en désordre. Si la
flamme a ses respects, elle a aussi ses dédains. Nous
leur devons la conservation du Tribunal de commerce,
ce vase retourné et veuf de son anse unique.

En remontant le *boulevard Saint-Michel,* la *rue
Soufflot* conduit au Panthéon que nous signalerons
pour mémoire, ses dégâts étant insignifiants. Cependant, en le regardant de la rue d'Ulm, on constate
que plusieurs projectiles l'ont atteint, dont un même
a percé le dôme. Les autres ont simplement égayé
de quelques touches blanches l'uniformité du ton
gris qui donne toujours à ce monument l'air d'un lavis
à l'encre de Chine. Les faces latérales peuvent fournir
aux commençants d'admirables modèles de teintes
plates. Cet édifice l'a échappé belle, car quinze jours

ont à peine suffi pour le vider de la quantité de poudre que les insurgés y avaient accumulée.

En laissant le Panthéon à sa gauche, on parvient par la rue Mouffetard, qui n'offre d'ailleurs aucun intérêt, au point de vue des derniers événements, à la manufacture nationale des

Gobelins.

Rien de plus irrégulier que la série de bâtiments qui constitue cet établissement célèbre. On y sent l'adjonction de constructions nouvelles, depuis le temps où Charles Lebrun, peintre du roi, en fut le premier directeur. L'incendie y a ravagé tout le corps de bâtiment qui se présente à gauche et contenait des salles d'exposition pour les tapisseries modernes. On évalue, dans la maison, à huit millions environ le total des pertes qui y ont été faites. Cette partie brûlée offre, à l'intérieur, l'aspect d'un vaste parallélipipède que traverserait une série de ponts parallèles. Ce sont les débris des cloisons qui soutenaient le plancher; des fragments de fer roussi jonchent les fondations mises à nu. Rien n'en ferait deviner la destination antérieure et que des richesses artistiques ont rayonné entre ces quatre murs décharnés. En enjambant une des larges fenêtres que le feu a léchées, on trouve, derrière, un jardin dévasté mais verdoyant, et, dans une serre aux vitres brisées, un

Apollon du Belvédère en plâtre, calme comme il sied
à un immortel de l'art antique, divinisé par les
siècles. Le mot *olympien* a décidément un sens précis.

Suivons la Bièvre dont l'eau a la couleur d'une
ardoise, avec moins de limpidité. A voir les laveuses,
accroupies dans des tonneaux, qui la bordent, il
semble que ces malheureuses vont se briser les mains
à cette surface aux reflets métalliques. On se trom-
perait, car elles chantent. Rien ne montre mieux la
puissance de la nature que l'indifférence avec laquelle
elle prodigue ses merveilles aux lieux les plus dis-
graciés. J'ai vu, sur le bord de cette rivière infecte,
le plus admirable rosier du monde, quelques feuilles
vertes dans une montagne de fleurs de ce ton à la
fois tendre et fin qu'on appelle THÉ. C'était radieux.
Prenons la rue *Croulebarbe* dont le nom même est un
poëme, et, chemin faisant, arrêtons-nous à cette
ruine d'un autre genre que le temps fera bientôt
invisible. Sur un mur veiné de mousses ténues, on
peut lire encore des fragments d'inscription tumu-
laire. Les mots *victime innocente* sont encore très-
distincts. C'est là que fut tuée la *bergère d'Ivry* de
dramatique mémoire.

Un peu plus loin, en contournant le pied de la
butte aux Cailles, célèbre dans les fastes militaires de

la Commune, on côtoie des jardins fort mal tenus,
mais ombreux et d'une fraîcheur adorable. Ce sont
encore des façons de ruines. Ils dépendent d'habitations de plaisance construites à la fin du siècle dernier, dans le beau style que vous savez, et qui semblent aujourd'hui presque abandonnées. Toutes ont
l'air de petits temples grecs et, sous des péristyles
de l'ordre ionique, le petit dieu malin y lance, du
matin au soir, des flèches imaginaires aux paisibles
tanneurs qui font la population la plus nette de ce
quartier plus industriel qu'élégant.

Nous voici au coin de la rue de la *Santé* et du boulevard *Saint-Jacques*. Un cabaretier, dont le mur a été
traversé par un projectile de la butte aux Cailles, en a
recueilli les débris. C'était une bombe incendiaire
dont le tube est entre ses mains. Il a collectionné
toutes sortes de mitrailles qu'il exhibe volontiers. Il
vous montrera aussi les dégâts du chantier Hunbelle,
près de la prison de la *Santé*, lequel chantier a été
incendié. Ce cicerone désintéressé n'est pas fier du
tout.

Quelques obus ont écorné la gare du chemin de
fer de Sceaux.

Quittons le Paris excentrique, en rentrant par la
rue *Vavin*. C'est une des plus maltraitées. Au delà

de la rue *Notre-Dame-des-Champs*, toutes les maisons
sont littéralement hachées de balles. Les nᵒˢ 18 et 20
sont absolument détruits par le feu. Près de ce dernier est la boutique d'un charcutier dont la femme
eut le sein traversé d'une balle. Le nᵒ 1 de la rue
de Bréa, les nᵒˢ 46, 48 et 50 de la rue *Notre-Dame-
des-Champs* ne sont également que des monceaux de
décombres. Le feu avait été mis également aux
nᵒˢ 76 et 78 qui donnent rue d'*Assas* et dont le rez-
de-chaussée seul a souffert. M. Michelet demeurait
dans la première de ces maisons, et M. Littré habite
l'autre. Nulle part, si ce n'est rue du Bac, le caractère volontaire de ces incendies n'est aussi apparent.
Détail étrange! On nous affirme, dans le quartier,
que les hommes qui mettaient le feu étaient les premiers à tenter de l'éteindre, quand les chefs qui pré-
sidaient à cette sinistre besogne étaient partis. Ceci
donne une mesure de la terreur qui régnait dans
tous les esprits, et indique combien la faiblesse générale a été complice de l'infamie de quelques-uns.

Le jardin du Luxembourg vaut bien qu'on le tra-
verse pour voir à proximité des bâtiments de l'École
des mines et de la rue d'Enfer, le trou béant, noir,
large et profond qui fut la poudrière. La terre pro-
jetée sous une forme poudreuse s'est accumulée assez
régulièrement sur les bords de ce gouffre, suivant des
plans doucement inclinés. Les arbres sont roussis,
comme des feuillages d'octobre, alentour. Dans l'axe
du palais, une maison de la rue d'Assas a eu son

énorme porte cochère enfoncée par la pression que l'explosion a déterminée dans un large rayon, et les vitrages d'une galerie intérieure sont tombés à l'état de pluie fine et coupante, couvrant le sol d'une poussière diamantée. Dans la cave, les joints des pierres de fondation avaient éprouvé des déplacements.

En gagnant obliquement la rue du *Vieux-Colombier*, on parvient au carrefour de la *Croix-Rouge*, qui présente, au coin de la rue du *Cherche-Midi*, les décombres d'un important magasin. Le bâtiment ne paraît pas absolument perdu, mais les souvenirs élégants qui s'y rattachent donnent à ses ruines un aspect particulièrement sinistre.

L'esprit ne se rassérène pas en arrivant à la rue du *Bac*. C'est une des plus maltraitées. L'angle qu'elle fait avec la rue de *Lille* est un infranchissable amoncellement de débris. La moitié du n° 13, le n° 11 et le n° 9 n'existent plus. Les deux coins de la rue de Lille sont largement échancrés, sur la droite, par un double incendie. L'un a mis à nu un mur immense au sommet duquel sont accrochés une cheminée portant encore sa pendule, et un débris de parquet qui soutient encore deux chaises et une commode. Ce mobilier élémentaire est complété par un rideau de mousseline qui paraît avoir été le chef-d'œuvre de l'incombustibilité.

A un autre angle de ce carrefour improvisé, derrière

une masse de gravats sur lesquels serpentent, comme des bêtes apocalyptiques, des fragments d'escaliers, que trouent des tiges de fer pareilles à des antennes colossales, où mille formes se confondent comme dans le cerveau d'un ivrogne, apparaît un petit sanctuaire en bois, de la forme d'un confessionnal. Vérification faite, c'est un Cupidon de plâtre qui y fait ses dévotions. L'Amour sauvé de la flamme et survivant à tous les désastres! Que les poëtes du commencement de ce siècle eussent fait une belle chose avec cette idée aussi neuve qu'ingénieuse! Le hasard fait aussi des madrigaux.

Grâce à la destruction absolue de deux maisons de la rue du Bac au delà de la rue de Lille, on aperçoit, de ce point central et dévasté, le mur surmonté d'une galerie qui fermait, de ce côté, la

Caisse des dépôts et consignations.

C'est elle qu'on rencontre tout d'abord en tournant le quai dans le sens du cours de la Seine. C'est, du moins, le premier monument incendié; car le café du quai d'Orsay, de belliqueuse mémoire, est intact, ce qui nous assure la conservation d'un nombre considérable d'exemplaires de l'*Annuaire militaire*. La *Caisse des dépôts et consignations,* autrefois *hôtel de Belle-Isle,* était un bâtiment dont l'architecture générale est encore facile à juger. On serait presque aussi embarrassé d'y admirer quelque chose que d'y rien blâmer. En n'en respectant que les nervures essentielles, l'incendie lui a donné une profondeur soudaine qui semble artificielle comme la profondeur de certains décors. La raison en est simple : l'art et le feu procèdent identiquement de la même manière pour exprimer la distance par des plans parallèles et successifs. L'*hôtel de Belle-Isle* est plus intéressant qu'il n'a jamais été, aujourd'hui que les découpures sculpturales dont il abonde s'ouvrent sur le vide, que ses ouvertures agrandies laissent pénétrer son intérieur, que ses pavillons ont pris un peu de longueur. Tout cela apparaît au-dessus des arbres du jardin, avec la mélancolie tempérée des ruines qu'un bout de verdure console.

Caserne Bonaparte.

Cette caserne est laide comme par le passé. La propreté étant la seule beauté dont les établissements de cette nature soient susceptibles, le feu a ôté à celui-là son dernier charme, en enfumant la pierre et encrassant les fenêtres. C'est là que M. Thiers fut enfermé le 2 décembre, et que se rendit volontairement prisonnier M. Valette, qui affirmait avoir doublement droit à des chaînes « étant représentant et professeur de droit. » Je cherche en vain d'autres souvenirs intéressants à ce bâtiment. Longtemps, sur son trottoir

se sont promenés les grands spahis en burnous rouge
qui font toujours penser au vers dont Hugo a carac-
térisé Abd-el-Kader :

> L'émir pensif, cruel et doux.

Ils oscillaient tristement le long de ces murs mono-
tones, rêvant à l'or des coupoles et aux dentelles des
minarets.

Palais du quai d'Orsay.

Il contenait la cour des comptes et le conseil d'État
et, ce qui vaut mieux, au point de vue décoratif, de
fort belles peintures de Gendron, le *Justinien* de Delacroix et un portrait de *Napoléon, législateur*, par
Hippolyte Flandrin. L'escalier d'honneur avait été
décoré à la cire par Théodore Chassériau, qui y avait
témoigné d'une grande aptitude à la fresque. A part
ces richesses réelles et quelques luxueux détails, tels
que les vingt colonnes corinthiennes de marbre blanc
que Napoléon réservait au palais du roi de Rome, celui
du quai d'Orsay, qui avait changé vingt fois de destination, était un monument sans caractère. Le feu qui
n'en a respecté que le squelette a compromis à l'intérieur beaucoup de choses artistiquement intéres-
santes. Sa colonnade qui manque de grandeur lui
donne actuellement l'air d'une cage vide. Mais, en le
contemplant du quai, on aperçoit à sa droite et au

coin de la rue de Poitiers un mur en ruine qui est tout à fait pittoresque.

Le Palais de la Légion-d'Honneur.

C'était l'ancien hôtel de Salm. Construit en 1786, pour les loisirs d'un grand seigneur, ce monument a l'agréable banalité des édifices élevés sous le règne de Louis XV. Mme de Staël l'habita sous le Directoire et dut s'y plaire singulièrement, car rien ne ressemble plus aux temples des paysages classiques de cette époque. On a eu beau inscrire la devise : *Honneur et Patrie!* sur son portique corinthien, il n'est que bien indirectement approprié au culte de la décoration impériale. Les bonshommes de l'antiquité qui l'ornent ne sont que bien indirectement les aïeux de nos légionnaires. Plusieurs sont dans une pose tourmentée qui les fait ressembler, dans leur niche circulaire, à de jeunes oiseaux qui brisent l'œuf nourricier. De larges flambées ont parcouru la face de cette paisible maison dont maître Bocquet, *peintre des menus plaisirs* de Louis XVI, avait décoré l'intérieur, dans le sentiment d'un homme qui ne doit peindre que de menus plaisirs.

En s'approchant du Corps législatif, on laisse à sa

4

gauche le cercle dit *des Pommes de terre* qui occupait autrefois un local de la rue de Beaune et où fut proclamée, le 4 septembre, la liste des membres du gouvernement de la défense nationale. Un obus l'a atteint à l'angle qui fait face au quai. Les projectiles n'ont pas épargné davantage la façade de la *Chambre des députés*. L'un d'eux, en s'écrasant sur le grand bas-relief de gauche, y a dessiné, au milieu de personnages allégoriques d'un incontestable sérieux, une sorte de figure fantastique qui s'enlève en blanc et représente assez un mitron apportant un plat. Cette œuvre était due au ciseau de Pradier, qui n'avait assurément pas pensé à cet acteur improvisé. Ces dégâts sont dus à l'artillerie de la barricade que le génie du citoyen Gaillard père avait élevée à l'extrémité de la rue Royale.

Les gens courageux descendront encore le quai jusqu'à l'entrée du champ de Mars. Ils y constateront, avenue *Rapp*, les dégâts causés par l'explosion de la cartoucherie. Sauf une maison dont la toiture est descendue au rez-de-chaussée, les autres n'ont éprouvé qu'une horrible secousse qui a pulvérisé leurs carreaux, crevé les menues cloisons, sans laisser d'autre trace bien intéressante. Tous les baraquements qui couvraient ce vaste emplacement ont été bouleversés comme par une trombe. Ce dernier spectacle qui manque de la grandeur inhérente aux ruines monumentales est simplement sinistre. On le quitte avec plaisir pour remonter les quais jusqu'au pont de la *Concorde* qui vous ramène, par la rue *Royale*, à la Madeleine, point de départ de notre première journée.

II

ENVIRONS DE PARIS

ISSY. — MEUDON. — CLAMART. CHATILLON ET VANVES.

Issy.

La porte de Vaugirard n'a pas souffert comme aurait pu le faire supposer l'épouvantable vacarme qu'on entendit, pendant un mois, de ce côté de Paris. Mais, dès que la vue s'étend au dehors, elle rencontre les hautes cheminées des usines trouées ou abattues. On croirait que, dans leurs distractions, les artilleurs s'en sont fait des points de mire.

L'entrée d'Issy est marquée par des ruines : cinq maisons sont effondrées. En continuant dans la grande rue, nous trouvons que les habitations ont moins souffert, quoique toutes aient reçu une part, dans la distribution de fer et de plomb qui s'y est continuée si longtemps. Le séminaire, le couvent, la pension Saint-Nicolas et la mairie n'ont pas été trop durement éprouvés. Les Petits-Ménages sont beaucoup plus endommagés.

Du reste, les grosses affaires ne se passèrent pas dans cette partie du village. Pour voir la lutte, pour connaître ce qu'elle produit de Français à Français, il faut pénétrer à pied dans les rues étroites et tortueuses qui conduisent à l'église. De braves vieilles femmes, presque aussi vieilles que les maisons, et encore à peine sorties de leurs caves, cherchent les débris de leurs ménages dans les décombres. Elles racontent leurs angoisses, leurs souffrances, et semblent tout étonnées de se trouver encore de ce monde.

Dans nos excursions, nous avons vu bien des dégâts, mais nulle part nous n'avons trouvé de spectacle tel que celui d'Issy.

Non, mille fois non, jamais nous n'avons rencontré les traces, le caractère d'une lutte aussi longue et aussi acharnée : chaque coin de rue, chaque maison a eu son siége particulier. L'imagination y voit les combattants quittant la grande rue, prenant les ruelles étroites, pour se retrouver plus impétueux dans la rue des Noyers. Ici, le canon ne pouvait rien; on se battait à vingt mètres de distance, puis à vingt mètres encore, et cela pendant quinze jours!

Nous avons renoncé à compter le nombre de balles qui ont frappé la superficie d'un mètre carré sur une muraille de la rue des Noyers.

A la fin, les fédérés durent se replier. C'est alors que commença un terrible bombardement par le fort et par les remparts; c'est alors que craquèrent les poutres et que les habitants, du fond de leurs caves, purent croire que tout s'engloutissait et que leur dernière heure était venue.

Voyez l'église et les maisons qui l'entourent, elles vous en diront plus que ne saurait le faire la plume.

Par une ironie du hasard, sur des maisons à moitié démolies, on voit d'anciennes affiches portant : *Propriété à vendre!* Que vendrait-on, maintenant que le pays est à rebâtir?

Le long du cimetière, et en dehors, se trouvent de grandes fosses recouvertes; ce sont les tombes de gardes nationaux apportés là après l'entrée dans Paris.

La position la plus avancée d'Issy, celle que les troupes attaquèrent, en premier, pour s'emparer du village et du fort, est le parc de la Belle-Épine, qui se prolonge jusqu'à l'entrée des Moulineaux. Bombardé par Clamart et Meudon, le château fut incendié par un obus; plus tard l'artillerie fédérée lui donna le coup de grâce.

Depuis le siége prussien, le parc n'a cessé d'être bouleversé par les mobiles, par les fédérés et, à la fin, par les troupes. Un peu partout, on voit des tranchées, des batteries et aussi des trous d'obus. La terre enfin a été remuée comme elle ne le fut nulle part.

Nous traversons les Moulineaux, qui précèdent le bas Meudon. A part quelques maisons qui ont reçu des boulets, rien ne mérite d'être signalé. Disons pourtant que c'est au bas Meudon que s'échangèrent, entre deux patrouilles, les premiers coups de fusil qui préludèrent aux nombreux et meurtriers combats des soldats de la Commune et des soldats de l'Assemblée.

Avant de nous rendre à Meudon, il est indispensable de gravir un petit sentier, à gauche, pour visiter les ouvrages exécutés par les Prussiens, et qui furent, après le 18 mars , occupés par l'artillerie de l'armée.

De ce point élevé, on a pleine vue sur les silhouettes fantastiques des forts de Vanves et d'Issy, et, plus à droite, sur la batterie du Moulin-de-Pierre, qui les canonnait tous deux.

En nous tournant vers Meudon, on voit encore la bordure du chemin de fer, dans les vignes, d'immenses tranchées faites par les Prussiens. En dessous, le silencieux village du Val, d'où partaient les troupes à destination de ces tranchées.

Meudon.

Là terrasse de Meudon était, sans contredit, le point le plus important que pussent occuper les Allemands du côté de Versailles. Les lieux étaient charmants, la position était dominante.

Les pièces établies sur la terrasse, au moins vingt, avaient pour objectif : Boulogne, Billancourt, le Point-du-Jour, Auteuil, Grenelle, Vaugirard, le fort d'Issy et les remparts. C'était enfin un véritable et vaste arrosoir, d'où tombait, à jet continu, le métal destructeur.

Les fédérés, eux aussi, comprirent l'importance d'une pareille position, non pour battre Paris, mais pour l'empêcher d'être battu. Dès le 3 avril ils résolurent d'en prendre possession. Ils se présentèrent donc le long des pièces d'eau et tentèrent l'assaut. Mais, prévenues à temps, les troupes leur opposèrent le feu de cinq mitrailleuses, qui les firent battre en retraite et renoncer à leur projet. Les traces de balles qu'on rencontre sur les murs de Meudon proviennent de la poursuite qui leur fut faite après coup.

Il serait inutile d'insister sur l'importance et sur la solidité des travaux établis par les Prussiens sur la terrasse de Meudon. Le mieux est de les parcourir dans toute leur étendue. On y retrouve les moindres détails de l'art de la guerre, et on y constate une solidité à toute épreuve.

On le voit, ces gens-là ne reculaient pas devant les tombereaux de terre.

Les murs de la terrasse et la terre portent de nombreuses traces d'obus et attestent que nos artilleurs pointaient avec assez de précision. Les traces les plus récentes sont celles des artilleurs de la Commune.

Toutes les tentatives faites pour déloger les Prussiens de la terrasse de Meudon restèrent impuissantes. Malgré l'incendie du château par les obus, ils gardèrent cette position jusqu'à leur départ et, de là, battirent en brèche les remparts du Point-du-Jour, le viaduc du chemin de fer, et firent beaucoup de mal aux premières maisons de Grenelle.

Les ruines qui contemplent tristement la forteresse de terre de la terrasse étaient, sous l'Empire, une habitation du prince Jérôme.

C'est dans les dépendances de ce château que furent construites les premières mitrailleuses.

En contemplant ces ruines, en foulant cette terre jaune d'où partait la mort à destination de Paris, on voudrait vivre trois cents ans en arrière et retrouver Meudon tel qu'il devait être, sous le goupillon de son joyeux curé, le philosophe François Rabelais.

Clamart.

Placé dans le fond des forts d'Issy et de Vanves, Clamart n'est qu'un point secondaire, relativement à Meudon et à Châtillon; mais, pendant les deux siéges, il tint sa place dans le grand concert du bombardement, marchant conjointement avec le Moulin-de-Pierre, dont il est proche voisin.

Il est à remarquer que la gare, quelque peu détachée du village, fut tour à tour accessible aux Prussiens, aux mobiles, à la garde nationale et aux troupes de Versailles.

Les patrouilles semblaient s'y donner rendez-vous de part et d'autre. C'était sans surprise que mobiles et Prussiens se rencontraient au guichet du chemin de fer. On rapporte même qu'une fois les officiers français et prussiens, agissant avec courtoisie, s'y saluèrent mutuellement et se donnèrent le temps de regagner leurs tranchées respectives.

Mais, de leur nature, les forts n'entendent pas la courtoisie : celui de Vanves perça la gare au premier siége et la démolit littéralement au second.

Les maisons qui ont le plus souffert sont celles situées sur la route de Meudon et celles de la voie de Paris.

A l'entrée du village on remarque des tumulus de fraîche date, surmontés de croix rustiques : ce sont les tombes de soldats tombés lors des derniers engagements, entre Français, avant l'entrée dans Paris.

Châtillon.

Avant de quitter la grande ligne d'investissement, il est indispensable de gravir la côte de Châtillon. Sa position exceptionnelle, le bruit qui s'y fit pendant les deux siéges, suffiraient presque à nous dispenser de cette recommandation.

Châtillon est pour Montrouge et Vanves l'équivalent du château de Meudon pour Vaugirard et le Point-du-Jour.

Il les domine de toute sa hauteur sans avoir à les redouter.

5

La montée est longue et rapide, mais le plateau offre assez d'intérêt pour qu'on ne regarde point à la fatigue.

Cette partie circulaire qui couvre toute la plaine et le fort de Vanves, c'est le bombardement de Paris à discrétion.

C'est là que fut bâtie par les Prussiens, et utilisée par les troupes de Versailles, une sorte de forteresse à trois gradins, avec des casemates à doubles couloirs, puis des chemins couverts protégeant les hommes qui se rendaient d'un poste à un autre.

Le fort de Vanves en est à une si faible distance qu'on le croirait placé là pour servir de cible aux novices de l'artillerie.

Mais Châtillon a payé cher le voisinage de cette formidable forteresse : il a reçu, pendant le siége, les obus de Vanves, de Montrouge, de Bicêtre, des Hautes-Bruyères et ceux de la ligne des remparts.

Pendant le premier siége, il n'y eut guère que le haut de complétement démoli; mais, dans le second, le milieu et le bas de la côte furent mis dans un pitoyable état.

Bagneux et la route d'Orléans ont aussi beaucoup souffert dans les derniers événements.

Sur le versant de Châtillon se trouvait la fameuse redoute qui, trop faiblement occupée par nos troupes, fut prise par l'ennemi au début de l'investissement. Une retraite précipitée permit aux Prussiens de gravir le plateau et d'y établir, en quelques jours, des travaux qui rendirent impossible toute espérance de sortie de ce côté de Paris.

Vanves.

Ce village est bien un des plus curieux des environs de Paris, et lors même qu'il ne mériterait pas d'être cité dans l'énumération des ruines que nous avons à signaler, il vaudrait, quand même, la peine d'être visité. On se croirait à deux cents lieues de la capitale de la France. La ligne droite n'a rien à voir ici. M. Haussmann s'y trouverait mal à l'aise. Le haut du pavé y est tenu par la fantaisie primitive de la bâtisse. Qu'on aille à droite, qu'on aille à gauche, c'est toujours une encoignure, un renfoncement; c'est toujours l'irrégularité. Le goût ancien s'y retrouve partout, même dans les enseignes; celles des entrepreneurs de travaux, entre autres, sont conçues en un style particulier que nous recommandons à l'attention des voyageurs.

Malgré son air campagnard, malgré sa tranquillité apparente, Vanves a eu ses barricades, Vanves a été défendu par les fédérés. Il est vrai qu'il a été pris par les troupes. Il va sans dire qu'il a été bombardé aussi : voyez plutôt l'église et les maisons qui l'entourent; tout y est dans un état pitoyable. Cependant la plupart des immeubles n'ont pas souffert. Vanves

pourra donc vivre encore sans avoir eu l'occasion de
redresser ses rues.

Avant de rentrer dans Paris, on ne peut se dispenser d'examiner de près les forts de Vanves et d'Issy.
Ils sont déchiquetés, hâchés à tel point qu'on
s'étonne que les fédérés aient pu s'y tenir jusqu'à
pareil résultat.

Les forts d'Issy et de Vanves représentent, tout à
la fois, l'attaque et la défense dans ce qu'elles eurent
de plus terrible et de plus courageux.

SAINT-CLOUD.

Les ruines de Saint-Cloud méritent une attention toute particulière. Si l'épithète n'était pas si douloureuse, je dirais que ce sont les plus *complètes* des environs de Paris. Leur caractère est d'ailleurs tout spécial, et ne permettra pas d'oublier, de longtemps, un des actes les plus monstrueux qu'ait pu enregistrer l'histoire des peuples dits *civilisés,* par opposition à ceux qui ne se servent pas de pétrole. A part quelques maisons que les obus du mont Valérien avaient trouées et l'incendie du château que l'ennemi a faussement attribué aux mêmes causes, Saint-Cloud était, en partie, intact au moment de l'armistice. C'est huit jours après, seulement, que toutes les maisons ont été systématiquement brûlées par les Prussiens, qui entendaient venger ainsi, disaient-ils, leurs morts de la sortie de Montretout.

Dans cet ordre d'idées, pour nous qui avions perdu Henri Regnault à cette affaire, la destruction de Berlin ne suffirait pas.

Quoi qu'il en soit, les gens du pays vous raconteront que ce sont les officiers du génie prussien qui ont présidé, eux-mêmes, à cette odieuse besogne que des soldats, par escouades, ont accomplie sous leurs yeux, parcourant le village avec des seaux de pétrole dont ils badigeonnaient les maisons, une à une, avant d'y mettre le feu.

L'identité absolue entre ce procédé d'incendie et celui que les agents de la Commune de Paris ont employé, trois mois après, pour livrer nos monuments aux flammes est un sujet de méditation qui n'est pas sans portée.

Suum cuique. Cette invention-là, qui vaut bien celle de la poudre, revient de droit aux Allemands. Laissons-leur cette *conquête de la science.*

En entrant par le rond-point de Boulogne, Saint-Cloud apparaît comme une vaste cristallisation aux aiguilles enchevêtrées. Les maisons, réduites à leurs murs verticaux, ouverts, dentelés, taillés obliquement par des écroulements partiels, présentent mille formes invraisemblables. La couleur en est aussi curieuse que la ligne, les fragments de tentures qui restent accrochés aux cloisons produisant à l'œil un bariolage infini dans ses caprices. Au milieu de cet amas confus qui surmonte un sol digne de servir de fond à une carrière en exploitation, quelques nappes de verdure s'affirment dans une gamme sombre, et le clocher de l'église, que le caractère affable de M. le curé a préservée, se dessine blanc, rigide, intact.

Jetons un coup d'œil sur le quai à droite, en arrivant à l'extrémité du pont. Il n'est pas une auberge où on y puisse lire en entier le classique : *Matelotes et fritures* des bords de la Seine. Les cabaretiers inoffensifs, qui y débitaient des goujons aux Parisiens du dimanche, n'ont pas trouvé grâce devant l'ire des soldats du roi Guillaume. Cette branche estimable du commerce français n'est pas néanmoins ruinée. La berge est émaillée, comme par le passé, de pêcheurs à la ligne qui pourraient aussi bien, par la nature de leurs captures ordinaires, entretenir un magasin de bottes qu'un restaurant.

Laissant à main droite, sur la place, les débris de la *Tête-Noire* qui en faisait le coin et que le crime de Castaing a rendue célèbre, tentons l'escalade de ce qui fut la rue *Royale*. Tout le côté gauche en est à peu près écroulé à l'entrée. C'est un véritable pic qu'on gravit parmi les décombres. Une sorte de torrent circule parmi les plâtras amoncelés. Cela est ainsi jusqu'aux deux tiers de la rue, où la maison du boucher *Enfroy* marque la délimitation de ce désastre partiel.

En obliquant à droite, au sommet de la rue, on rencontre les ruines de l'hospice qui n'a pas été traité avec autant de ménagements que l'église. L'intérieur en est absolument consumé, la toiture chimérique, les murailles calcinées. Que faut-il donc pour donner aux choses un caractère sacré? Cet hôpital était vaste et des mieux tenus. C'est là qu'était mort,

sur un lit banal, sans amis à son chevet, le malheu--
reux docteur Pigache, ancien médecin de Louis-Philippe, admirable vieillard qui n'avait pas voulu fuir
devant l'invasion, de peur que quelqu'un de ses malades ne demeurât derrière lui. Une balle paya tout
ce dévouement auquel la population tout entière
rendit hommage en lui faisant des funérailles solen-
nelles et accompagnant, le 16 juin, jusqu'au cimetière de Garches, son corps conservé jusque-là dans
un des caveaux de l'église. Cet épisode d'un médecin
agonisant sur un lit d'hôpital, là même où il avait
consolé tant de mourants, est assurément sinistre.

Le tour de l'hospice nous ramène devant l'église.
Sur la petite place qu'elle domine, une maison à
portail ancien que surmonte une tourelle gothique
frappe d'abord les yeux. L'inscription suivante qu'on
peut lire sur une de ses pierres : *Hic dena erexit
Domini per secula templum,* et son voisinage ne laissent aucun doute sur son ancienne destination. C'é-
tait une abbaye, et l'édifice ne paraît pas, au premier
abord, avoir beaucoup souffert. Mais poussez la porte,
et vous verrez les murailles estompées de fumée, le
ciel à jour, le vide d'une dévastation complète. Horrible effet de l'incendie par le pétrole! Quelquefois la
carcasse du bâtiment paraît intacte, mais tout le reste
a disparu, comme la chair qui doublait un squelette.
Ne vous fiez pas d'ailleurs à cette apparence de maison qui semble debout. La pierre en est profondément calcinée, chimiquement métamorphosée; fragile

et friable, dangereuse aux passants. La maison que je signale, et qui possédait sur la Seine un des plus beaux points de vue qu'on puisse rêver, était la propriété d'un médecin que tous les pauvres connaissent à dix lieues à la ronde, le modeste et savant docteur Desfossez, grand amateur de peinture, l'ami de Baudelaire, de de Banville et de Philoxène Boyer, dont les souvenirs étaient partout sous ce toit.

Laissant derrière nous le quartier du *Calvaire,* qui offre aussi de grands dégâts, mais rien de particulièrement intéressant, suivons la rue de *l'Église,* dont la ruine est effroyable, puis la rue d'*Orléans.* A l'extrémité de celle-ci, à gauche, une haute maison de brique dont les balcons sont roussis par la double action du feu et de l'humidité donne, dans le paysage général, une note éclatante, qui de loin est d'un heureux effet. Elle est à deux pas du château.

Les dépendances du château, à droite, en entrant par la cour d'honneur, sont à peu près intactes. Par contre, l'immense caserne qui bordait, à gauche, l'avenue qui y mène, est très-endommagée. Il ne sera pas malaisé d'ailleurs de refaire aussi bien.

Le désastre du château est bien autrement grave. L'incendie nous en a laissé un plan en relief; rien de plus. C'est du 12 au 22 octobre qu'il a brûlé, et, bien que quelques obus du mont Valérien l'eussent atteint, les Prussiens n'ont jamais pu persuader aux habitants du pays demeurés là que ces projectiles fussent la cause d'une telle ruine. L'incendie partiel que peut déterminer une bombe ne prend de telles proportions que livré à lui-même, et l'eau était à deux pas pour éteindre celui-là. Les anciens employés du palais sont d'ailleurs unanimes à affirmer que les obus n'avaient rien allumé sur leur route.

Ce palais, construit pour *Monsieur,* avait une incontestable importance historique. Sa situation était fort belle, dominant un admirable paysage, située dans un lieu particulièrement ombreux, et dont l'art avait fait un jardin de grand style. A part quelques statues stupidement décapitées et des orangers écorchés comme Marsyas, le jardin est demeuré en état, horriblement mélancolique devant cette ruine.

Pour énumérer les richesses qui y ont péri, parcourons le château en rappelant la dernière destination de chacune de ses parties.

En pénétrant par l'aile gauche, on rencontre tout d'abord ce qui fut le *salon de Diane.* Le plafond en avait été peint à la fresque par Mignard, et a été brûlé. La chapelle lui fait suite à droite, et la *galerie d'Apollon* à gauche. Dans la première, une magnifique lampe de vermeil, style Louis XVI, a disparu. Dans le second, un plafond de Mignard a été détruit. Le *salon de Mars,* qui vient ensuite, a également perdu le sien.

Cette aile longe l'*allée des Soupirs.* En la contournant nous entrons, par le *salon de Granit,* dans la série d'appartements qui composaient ce qu'on a nommé *l'Orangerie*. Ce nom bizarre avait pour objet de faire oublier celui du *duc d'Orléans*, qui avait occupé autrefois cette partie du palais. Le *grand salon* occupait une partie de sa longueur. Les sculptures sur bois en ont été perdues. Dans la pièce suivante, faisant un des angles du palais, un siége, provenant de Marie-Antoinette et dont le travail était fort beau, a été brûlé. Elle contenait également huit grandes marines de Joseph Vernet, qui ont pu être sauvées.

En remontant l'aile droite, on rencontre d'abord la salle à manger où se trouvait deux meubles superbes provenant de l'exposition de 1855; puis, donnant sur le jardin, la série des appartements de l'impératrice dont les tentures étaient précieuses, moins cependant que les beaux médaillons de Sèvres et les bas-reliefs de Jean Goujon rapportés, qui y ont également péri. La chambre à coucher, qui contenait un fort beau lit-sculpté, ferme l'extrémité de cette aile, parallèlement au salon de Diane.

En la suivant maintenant, du côté de la cour, on retrouve la trace des appartements de Napoléon III, sa chambre qui contenait un lit ayant appartenu à Louis XIV et qu'on n'a pu sauver, non plus qu'une console en laque de Chine, son cabinet de travail où parvint le premier obus, brisant un bureau superbe de style Louis XVI.

Dans la partie centrale, l'escalier d'honneur était décoré par un immense tableau de M. Muller repré-

sentant l'*Arrivée de la reine d'Angleterre.* Cette peinture, fort médiocre d'ailleurs, avait un intérêt tout
spécial pour le prince royal de Prusse dont la femme
y était représentée, au premier rang de la suite de
la reine Victoria. Aussi voulut-il sauver cette ma-
chine. Mais le zèle des anciens employés du palais se
porta sur d'autres points, fort heureusement d'ailleurs. Les salons de l'*Aurore*, de *Mercure*, de *la
Vérité* et de *Vénus*, qui occupaient le devant du pavillon central, ont été dépouillés de leurs tentures. Là
aussi était la bibliothèque dont 6,000 volumes ont été
sauvés. C'est Jules Sandeau qui en était bibliothécaire
en chef, et une légende trop amusante s'y rattache
pour que je ne la rappelle pas. — Un jour Napoléon III,
en villégiature à Saint-Cloud, y fit demander une
carte de Suisse par *cantons.* Un employé distrait, qui
eût pu prendre le Pirée pour un nom d'homme,
s'imagina que *Canton* était un auteur et fouilla le
catalogue successivement à la léttre *C* et à la lettre *K.*
Ne trouvant rien et désespéré; il s'élança à Sèvres où
demeurait M. Sandeau et lui dit que l'Empereur avait
demandé un ouvrage sur la Suisse par *M. Canton.*
L'illustre académicien, ne devinant pas, partit lui-
même pour Paris et commença des fouilles à la
Bibliothèque impériale. Un doute, sous forme d'éclair,
les arrêta bientôt.

Et maintenant il n'est que juste d'énumérer les
belles choses que le régisseur du château, M. Schnei-
der, a pu sauver, ce qui constitue un vrai service

rendu au pays tout entier. Tout d'abord, les admirables tapisseries des Gobelins qui traduisaient les chefs-d'œuvre de Rubens sur les murs de la galerie d'Apollon, une tapisserie de Beauvais d'un grand prix représentant Bonaparte premier consul et qui se trouvait dans le *salon de Mars*; dans la même salle, deux tapisseries des Gobelins, remontant à Louis XIV; les huit marines de Vernet qui occupaient les panneaux de la dernière salle de l'*Orangerie*; enfin, dans le grand vestibule, la *Sapho* de Pradier, sans compter d'innombrables objets se rattachant à l'art moderne.

En remontant l'ancien parc réservé, derrière le palais, on rencontre bientôt, spectacle assurément nouveau, les baraquements goudronnés d'une ambulance appartenant à la Société internationale de Genève et que dirige un médecin autrichien. Sous ces ombrages, qui ont vu passer, le soir, tant de grandes dames, et, le matin, tant de biches aux écoutes, des malades sont étendus sur le lit douloureux que leur fit la guerre. Là où M. Ollivier eut le cœur si léger, des malheureux expient une faute qui n'est pas la leur. Rien de plus ingénieusement disposé, d'ailleurs, que cet hôpital improvisé où le regard des blessés s'éveille sur un paysage radieux, où l'air circule autour d'eux, bienfaisant et purificateur. Les sœurs de l'ancien hospice les soignent, casernées elles-mêmes dans de petites maisons de bois, à proximité des salles qui toutes portent les noms de grands médecins français.

Plus loin est Villeneuve-l'Étang qu'habita autrefois la duchesse d'Angoulême. M. Calley-Saint-Paul et le général Fleury y possédaient deux fort belles maisons que, contrairement à leurs traditions respectueuses pour tout ce qui restait du premier Empire, les Prussiens ont livrées aux flammes ; il est vrai qu'à Saint-Cloud, telle était leur fureur incendiaire, qu'ils n'ont pas épargné la propriété d'un de leurs compatriotes.

En obliquant sur la gauche, vous aboutirez à la *porte Jaune,* dont les souvenirs sont néfastes entre tous. Vous y comprendrez comment, amenés dans une gorge étroite qui se comparerait mieux encore à un entonnoir, nos malheureux soldats du 19 janvier ont été resserrés par une double fusillade, n'ayant devant eux, pour la fuir, que la menace d'une formidable artillerie. Plus loin, à droite, est le bois de *Cucupha.* Cette région fut le théâtre du dernier combat de la défense agonisante. Des tertres tumulaires en perpétuent la mémoire. Malgré la supériorité de leurs positions, les Prussiens, aussi, y perdirent des leurs puisqu'ils incendièrent tout un pays pour les venger.

Les tristes réflexions suffisent à occuper le trajet

qui ramène à *Montretout*, par *Garches*. Les premières maisons qu'on retrouve au sommet de la colline ont moins souffert que celles qui sont plus avant dans le village. Vis-à-vis l'atelier de menuiserie d'un sieur Carle, à qui vous ferez bien de ne pas demander de renseignements, s'ouvre *la Passerelle*, un jardin charmant où de petites villas très-ombragées se succèdent en fer à cheval. La première, à droite, fut occupée, il y a deux ans, par l'éditeur artiste Georges Hartmann, qui y réunissait quelquefois les plus brillants musiciens de la jeune école. Saint-Saëns et Massenet y donnaient leurs premières auditions intimes, et le peintre Jadin y ébauchait des panneaux.

En sortant de l'avenue de *la Passerelle*, on rencontre une fort belle maison complétement dévastée et qui porte le n° 59 de l'avenue de Montretout. C'était celle du docteur Campbell, le célèbre accoucheur.

Un peu plus bas, et au n° 62, une maison beaucoup plus modeste, à deux étages seulement, mais que tapissait au dehors une admirable vigne vierge, était occupée par un sage, le critique Jules Levallois, qui y avait réuni une très-intéressante bibliothèque qu'il n'a pu sauver qu'en partie.

Plus bas encore, au n° 39, une façon de décor est demeuré debout. Cela tient de la maison de campagne et du chalet, à la fois; le tout informe aujourd'hui. Les fenêtres du grenier sont pendues obliquement à des touffes de glycines. Reculez un peu et vous verrez, comme fond du tableau, un large vitrail pareil à ceux

du cabinet de Faust. C'est là que travaillait Gounod;
là qu'il a composé son *Polyeucte* dont il dit : « C'est
ma meilleure œuvre! » — Les Prussiens eussent bien
fait de composer moins de fantaisies aussi militaires
qu'absurdes sur sa musique et de ne pas brûler sa
maison. — Il est vrai que le maître était absent.

Nous voici auprès du chemin de fer. Traversez-le,
et vous vous trouverez au pied de la batterie formidable qui, quinze jours durant, frappa sans relâche
le rempart du Point-du-Jour. Elle s'étend jusqu'au
nouveau boulevard; en obliquant sur la droite, occu-
pant toute la crête du coteau de Montretout. Elle a
compté jusqu'à quatre-vingt douze pièces, dont plusieurs d'un calibre exceptionnel.

En suivant le chemin de fer, de ce côté, vous arri-
verez à une maison dont la vue est merveilleuse et
qui devait servir de nid à un artiste. C'était, en effet,
le *buen retir* de Charles Yriarte. Les Prussiens ne l'ont
pas incendiée, mais seulement dévastée. Ils avaient
cependant bien plus de raisons d'en vouloir à Yriarte
qu'à Gounod, car le premier, officier d'ordonnance
du général Vinoy, prit une part importante aux opérations militaires de la défense de Paris.

Remontant jusqu'à la gare, suivons la descente rapide qui continue la route de Montretout. On y rencontre bientôt, sur la droite, et vis-à-vis le tournant, une façon de château surmonté de statues, enguirlandé de moulures, très-moderne, un peu prétentieux, le rêve d'un bourgeois cossu. Les dégradations y sont considérables et particulièrement sinistres, car on sent que cela avait été construit pour être très-gai. Mais ces gredins d'Allemands n'ont rien respecté, pas même l'amour matrimonial, car cette maison était le temple de Cupidon rangé. Son hôte était le célèbre M. de Foy.

Plus bas était la demeure de Dantan le statuaire[1]. Puis, de nouveau, la petite place qui fait face au pont.

Pauvre Saint-Cloud! Que faisaient tes splendeurs mirlitonesques à ces grossiers Poméraniens? Comptaient-ils donc passer l'été sur tes rives, qu'ils t'ont façonné à leur goût, détruisant, une à une, toutes tes élégances, ruinant, sans relâche, toutes tes beautés coquettes parmi lesquelles ils eussent paru encore plus ridiculement dépaysés? Dans quelques années, ceux qui les ont vus penseront à eux devant les bons-

---

1. C'était une galerie du plus haut intérêt, contenant plus de 280 toiles, parmi lesquelles nous signalerons un *Castiglione*, un *Jean Steen*, un *Raphaël*, un *Murillo*, un *Annibal Carrache*, un *Locatelli*, tc.... Quinze seulement ont été sauvées des flammes et de la rapacité des Prussiens! Il y avait aussi là des merveilles de sculpture : une *Vénus accroupie*, en marbre, l'*Ivresse de Silène* et l'*Heureux Age* de Dantan. — Un véritable musée.

hommes de pain d'épice de ta foire immortelle. S'ils
osaient y mettre les pieds, ce qui entraverait la circu-
lation de suite, élève, sur leur large trace, un hourrah
d'indignation, et qu'ils ne trouvent d'asile qu'au cirque
Corvi, dont les pensionnaires sont des bêtes instruites !
Ne les tolère pas autour de tes braves marchands de
gaufres ; ils remplaceraient, par une vague puanteur
de choucroute, le parfum de vanille qu'exhale leur
confection. Chasse-les de ton bal champêtre, où Mar-
kowski assure que le faubourg Saint-Germain tout
entier se donne rendez-vous. Pauvre Saint-Cloud ! ne
les souffre jamais à ta fête, quand tu auras une fête,
pauvre cher Saint-Cloud !

AUTEUIL. — PASSY. — NEUILLY.

Auteuil.

Suivons le bord de la Seine jusqu'au *Point-du-Jour.*
Rien d'intéressant sur la route, sinon l'état où la fusillade de la place de la *Concorde* a mis la partie du
vitrage du *Palais de l'Industrie,* qui y fait face. On ne
saurait mieux la comparer qu'à une toile d'araignée,
aux mailles ténues. Signalons encore, sur la droite,
au coin extrême du cimetière de Passy, l'emplacement des célèbres batteries du *Trocadéro,* qui, suivant le général Cluseret, avaient fait au mont Valérien
une brèche *appréciable.*

Au terme de notre course, le viaduc apparaît, den-
telé d'écornures, comme un large feston blanc sur le
fond bleu du ciel. Les dernières maisons, à droite,
avant de l'atteindre, et les constructions en bois qui
bordent le fleuve sont absolument disloquées et hachées. L'une d'elles était une façon de café en plein

vent où les chanteurs des rues se réunissaient quelquefois en société de concert. On entendait cela des petits bateaux à vapeur qui avaient là leur débarcadère. La vilaine musique !

En atteignant le viaduc, tournons à droite. Tout ce coin est horriblement saccagé. A l'angle même du boulevard Excelmans et du quai, ce qui fut une énorme maison n'est plus qu'un pan de mur qui se fend par le milieu ; vu de l'autre côté, il apparaît peint en vert, avec les échancrures d'un feuillage, ce qui le fait ressembler aux arbres d'un mauvais décor. Après, sur le boulevard, une maison voisine n'a conservé de son ornementation, qui paraît avoir été compliquée, qu'un vase à fleurs, en plâtre, qui dominait le toit absent, et une marquise en verre qui pend obliquement au-dessus du perron écroulé. Tout le coin d'Auteuil compris entre la Seine, le viaduc et la rue *Michel-Ange,* mérite d'être exploré avec soin. C'est peut-être l'endroit le plus complétement ravagé de tous les environs de Paris. Le feu des formidables batteries de Montretout l'a eu, quinze jours durant, pour objectif et en a littéralement émietté toutes les constructions.

En se rapprochant de la gare d'Auteuil, où, du moins, de la place qu'elle occupait, on rencontre une maison, d'apparence assez misérable, que les boulets n'ont pas trop maltraitée, mais que le pétrole a complétement évidée, dont les volets ont été violemment arrachés et qui fut certainement l'objet d'une dévastation spéciale; M. Pierre Bonaparte l'habitait. En poussant une pointe, par la rue Fontaine, dans la région d'Auteuil qui descend, on trouve les débris de la superbe grille de la villa *Montmorency,* puis quelques trous d'obus dans les maisons à l'angle de la rue. Mais toute cette partie a comparativement peu souffert.

Remontons jusqu'à la gare. Elle offre l'aspect d'un limaçon dont la coquille est à demi écrasée. La galerie supérieure s'est écroulée sur les fondations. C'est un amas informe de bois, de fer et de zinc. Les rails tordus se dressent de tous côtés; on dirait un panier plein de couleuvres qu'on vient de vider. Les débris du vitrage se sont mêlés à la poussière du sol et lui donnent un éclat diamanté. L'ancienne salle d'attente n'est plus représentée que par trois châssis triangulaires qui ressemblent aux tréteaux que dressent les saltimbanques en plein vent. De ce point, relativement élevé, il est bon de jeter un regard sur les fortifications qui offrent, en ce point, un aspect singulièrement désolé. La terre est soulevée partout, comme par des trombes, et des affûts brisés, des canons démontés, des débris de caissons la jonchent encore.

Et cela est ainsi tout le long du chemin de ronde. Au numéro 12 *bis* du boulevard Excelmans, un effet très-singulier a été produit par le feu sur les stores métalliques qui ferment les croisées. La flamme a damasquiné leur surface multicolore et l'a sillonnée de tons éclatants, tels que ceux que fournit le prisme en décomposant la lumière.

Passy.

Il ne reste absolument rien de la porte de Passy.

Passy a d'ailleurs été beaucoup moins maltraité qu'Auteuil, n'offrant en aucun de ses points une dévastation pareille à celle des environs de la gare et n'ayant été entamé que beaucoup moins profondément; mais toute la partie qui fait lisière au rempart est néanmoins fort abîmée.

Citons, sur le boulevard *Suchet,* le bâtiment de l'octroi, où de larges ouvertures ont été pratiquées par une succession d'obus. Toute la partie à gauche des avenues *Raphaël* et *Prud'hon* a souffert; là, le chemin de ceinture passe très au-dessous du niveau des constructions. Les broussailles d'acacias qui le bordent sont hachées par les projectiles, et les jardins qui sont un peu en arrière ont aussi leurs arbres brisés en partie. Tout ce pauvre paysage a été battu par une pluie de fer.

Les casemates installées autour des bastions sont à demi effondrées. Dans une petite qui touche la route, une large traînée de sang est encore visible à l'angle droit du mur de fond.

Les maisons qui font face au bastion 59 ont été cruellement traitées, et je comprends à merveille pourquoi le groupe d'Amours qui surmonte l'une d'elles se lamente aussi véhémentement; c'est pitié de voir la douleur de ces petits dieux joufflus parmi les feuillages éparpillés.

Derrière la porte de *la Muette,* on voit encore les travaux de la batterie circulaire, établie sur ce point par les fédérés, pour battre en brèche le mont Valérien. Les fascines écrasées et la terre coulant encore des sacs crevés prouvent que *l'Entêté,* comme on disait à l'Hôtel de Ville, répondait vigoureusement.

L'intensité des dégâts augmente à mesure que nous approchons de la porte Maillot, où ils atteignent un maximum analogue à celui que présente la porte d'Auteuil. La région qui suit la porte *Dauphine,* laquelle n'est plus qu'un trou béant, n'offre guère de maison intacte, sur une épaisseur qui est celle du ruban de terrain que borde la rue *Pergolèse.* La villa du même nom, qui servait de poste-caserne à la garde nationale, a été passablement dévastée par ses hôtes, qui avaient été jusqu'à trouer les plafonds pour causer plus commodément d'un étage à l'autre.

Neuilly.

La porte Maillot et l'entrée de l'avenue de *la Grande-Armée* offrent un pitoyable spectacle. Les angles en ont été largement entamés, comme si on eût voulu découper un rond-point à cette place. Les maisons s'y présentent, ouvertes comme des bêtes pendues à l'étal d'un boucher. M. Haussmann lui-même n'avait

jamais été si loin quand il taillait de larges voies
dans le vif des rues. L'emplacement de la gare est
devenu un pont de bois d'où l'on aperçoit coupée,
fendue, croulante, l'ancienne voûte du chemin de
fer.

Ce lieu désolé est le digne vestibule du pauvre
Neuilly.

Neuilly offre l'aspect très-caractérisé d'un désastre
général. Il n'est pas de maisons, tout le long de son
immense avenue, qui n'ait eu au moins ses vitres
brisées, sa toiture crevée, ses murs écornés. En pénétrant, de part et d'autre, dans les rues latérales qui y
aboutissent, on se convainc que cela est ainsi partout.
Les projectiles pleuvaient de tous côtés sur ce malheureux village, qui eut la mauvaise fortune d'être
disputé, trois semaines durant, par les deux armées.
Les escarmouches de chaque jour, pendant cette pé-
riode, s'y traduisaient par des grêles de balles et, dès
que les positions relatives se dessinaient assez pour
qu'un combat d'artillerie fût possible, les obus du
rond-point de Courbevoie, du château de Bécon et
d'une partie de la ligne des remparts s'y donnaient
rendez-vous. Il y a, dans le haut Neuilly, des arbres
dont les feuilles sont littéralement déchiquetées.

En entrant, à droite, la chapelle Saint-Ferdinand
apparaît, au milieu d'un terrain à demi déblayé,
comme une chaloupe échouée dans les sables. Rien
de plus lugubre que son aspect.

A mesure qu'on monte, jusqu'au marché en plein

vent qui fait face à l'église, les maisons apparaissent avec un air de désolation uniforme, et il serait malaisé d'en signaler une à l'attention plutôt que les autres.

L'église a reçu de nombreux obus. C'est une belle occasion pour reconstruire un des monuments les plus parfaitement laids de l'architecture moderne. Sur le bloc informe qui lui sert de clocher, une sorte de cage de fer qui abritait une image de la Vierge a été tordue et se présente maintenant obliquement. L'angle à droite de ce qui devrait être son portail est complétement ouvert par un projectile. Ce qui suit à droite, à partir du *chantier Hurel,* n'est qu'une série de décombres dont plusieurs semblent demeurer debout par un miracle que la première tempête dissipera.

Entrons dans la rue de Longchamp. Au n° 32 est la maison du poëte Théophile Gautier, qui quitta Genève, à l'automne, pour venir subir le siége à Paris et regagna, le premier, son cher logis, après l'entrée des troupes de Versailles. Beaucoup de chefs-d'œuvre furent écrits derrière ce mur que son aspect parfaitement bourgeois n'a pas mieux protégé que les souvenirs qui l'illustrent. Je compte trois obus sur cet étroit parallélogramme de pierre; trois obus et des milliers de balles.

Quelques pas encore dans l'avenue, et, du pont en ruine, vous apercevrez l'île de *la Grande-Jatte,* où il est de tradition que les ennemis sont toujours cernés,

au nombre de dix mille, et où il est réel que les arbres
sont pelés par les coups de feu.

Devant vous le quai de Courbevoie apparaît, aussi
terriblement dévasté que le sommet de Neuilly.

CLICHY. — ASNIÈRES.

Clichy et Asnières doivent être vus en même temps ; liés par les événements qui se sont accomplis sur les deux rives de la Seine, ils offrent non le même aspect quant aux désastres, mais un égal intérêt au point de vue historique.

C'est de Clichy, — quoique datés d'Asnières, — que partaient ces fameux bulletins de victoire que l'on prodiguait sur les murs de Paris, et qu'amplifiaient encore des journaux complaisants ou menteurs, pour remonter le moral des gardes nationaux. Ceux qui prenaient part à l'action durent plus d'une fois sourire des brillants faits d'armes que leur attribuait le général Dombrowski. Ils marchaient toujours, il est vrai, résolûment au combat, et plus d'une fois ils traversèrent la Seine, sur le pont du chemin de fer, pour suivre la ligne de Versailles ; le lendemain, ils recommençaient encore, et à chaque fois, ils tombaient dans le même piége que les troupes

leur avaient tendu la veille, en simulant une retraite
sur Courbevoie.

C'étaient autant de victoires qu'on annonçait aux
Parisiens.

Après avoir répété cette tactique pendant quinze
jours, les troupes s'établirent définitivement dans le
village d'Asnières.

Ce fut une journée terrible pour les gardes nationaux. Repoussés de la gare, ils se précipitèrent vers
le pont de bateaux pour traverser la Seine et gagner
Clichy. Mais les premiers arrivés détachèrent quelques bateaux pour éviter la poursuite. Ceux qui restèrent furent prisonniers ou fusillés sur place. Plusieurs trouvèrent la mort en voulant traverser la
rivière à la nage.

Dans Paris, les fédérés ne connurent qu'impar-
faitement cette défaite, et pendant longtemps ils
crurent qu'Asnières était toujours occupé par eux.

Du reste, la crédulité était un de leurs côtés faibles
et contribua pour beaucoup à prolonger la résistance.
On leur annonçait mensongèrement que la troupe
levait la crosse en l'air, qu'elle ne demandait qu'une
occasion pour fraterniser; on leur parlait de nombreux prisonniers; on leur affirmait qu'un bataillon
avait voulu se rendre, mais qu'il n'avait pu le faire,
empêché qu'il avait été par une première ligne de
sergents de ville. On leur disait tout cela, et ils le
croyaient!

Un jour, nous en vîmes qui s'extasiaient, du haut

des remparts, à la vue du mont Valérien : ils venaient de découvrir une énorme brèche à la citadelle.
Cette brèche n'était autre chose que le vide laissé
entre les deux casernes, rétréci par la distance, et
qui leur apparaissait comme le résultat du tir du
Trocadéro, alors que les obus de cette batterie n'arrivèrent jamais qu'à jeter l'effroi dans le village de
Puteaux.

Mais revenons à notre sujet, et passons devant l'é-
glise de Clichy pour nous rendre directement au bord
de l'eau.

C'est un peu au-dessous de l'endroit où nous arrivons que les troupes tentèrent d'établir un pont de
bateaux; mais la présence de trois bataillons, secon-
dés par le feu des remparts, fit échouer cette tentative.

L'entrée en matière des dégâts que nous avons à
constater est le pont de Clichy qu'on fit sauter;
ainsi que celui d'Asnières, avant l'investissement de
Paris par les Allemands. C'est déjà de l'histoire ancienne, mais les ponts n'en sont pas moins démolis.
Les résultats de faits plus récents sont en face, au
bout de ce même pont de Clichy : ce sont deux grands
corps de bâtiment destinés à un fastueux hôtel de
plaisance, mais encore inhabités. Le canon de Montmartre a sans doute jugé que la position était mal
choisie : il les a jetés bas en presque totalité.

En remontant la Seine, nous trouvons les maisons assez maltraitées, celles surtout qui tiennent la tête du pont d'Asnières. La grande rue n'a pas eu moins à souffrir ; plusieurs maisons se sont écroulées sous les obus partis du mont Valérien, du château de Bécon et d'une batterie établie dans une propriété située à mi-côte de la crête qui se continue jusqu'à Courbevoie.

Avant de traverser la rivière, nous devons passer une petite revue des positions fédérées. Une tournée que nous fîmes pendant l'armistice de Neuilly nous permet de les indiquer d'une façon très-précise.

Le petit monticule de terre jaunâtre qui se trouve à la pointe du cimetière, près de la voie ferrée, était le point important de la défense de Clichy. Cette batterie, très-bien située, tirait sur Asnières, sur le château de Bécon, sur l'île de Neuilly et sur une partie de la berge qui mène à Courbevoie. Pour un instant, elle eut même la prétention d'imposer silence au mont Valérien.

Ici, comme dans bien d'autres localités, les fédérés utilisèrent les travaux exécutés pour la défense de Paris pendant le siége. La longue tranchée qui se prolonge le long de la berge jusqu'à Neuilly est de ce nombre.

Lorsque les troupes occupèrent définitivement Asnières, cette position devint des plus critiques ; les fédérés ramenèrent leurs pièces en arrière et les dissimulèrent aux angles des maisons, une ici, une là, pour le plus grand désagrément des locataires, qui furent obligés de quitter leurs habitations. Les maisons effondrées que nous voyons justifient l'opportunité de leur détermination.

La grande rue ne fut, pendant les deux mois que dura l'insurrection, qu'une sorte de camp, où les canons, les chariots et les bivouacs tinrent la plus large place. On s'y croyait tellement à l'abri, qu'il n'était pas rare de voir des femmes et des enfants venir de l'intérieur de Paris pour prendre le repas avec leurs pères ou maris qui s'y trouvaient de service.

Le pays plat, aux maisons blanches que nous voyons à la suite de Clichy, est Levallois; à son extrémité, c'est Levallois-Perret qui touche à Neuilly. Si les pièces de Versailles, placées sur le coteau d'Asnières, avaient tiré de face et avec vigueur, elles en eussent fait des débris. Heureusement ce ne pouvait être un point de défense, et, sauf quelques atteintes, les maisons sont en bon état. Inutile de le parcourir.

Il semble que le visiteur soit impatient de traverser le pont de bateaux devant lequel nous l'avons fait passer tout à l'heure; il nous pardonnera cependant de l'avoir quelques instants retenu sur la rive de Clichy: pour bien connaître et apprécier les faits d'ensemble, cette station était indispensable.

Tel que nous le voyons aujourd'hui, Asnières ne ressemble guère à ce charmant et joyeux rendez-vous des canotiers que nous connaissions tous. Plus de chants, plus de filles folles, plus de gambades, plus de costumes bigarrés, de coiffures originales; plus de choquements de verres; plus d'avirons battant les eaux. Toute cette vie si active et si échevelée de la jeunesse parisienne est disparue pour faire place au silence, à la désolation.

Le siége avait rendu Asnières triste, désert; l'œuvre a été complétée par le renversement des maisons. Un monotone pont de bateaux a remplacé les embarcations qui transportaient à pleines voiles et à pleins bords la gaieté sur ces rives. Les ruines, les pans de murs se reflètent maintenant dans l'onde, et le voyageur qui s'y rendait naguère pour jouir d'un spectacle exceptionnel promène aujourd'hui ses pas à travers des gravois.

Pour opérer cette transformation si inattendue, il a fallu quelques mois seulement.

Là, sur le bord de l'eau, se trouvaient les établissements de premier ordre, ceux qui avaient l'avantage de recevoir l'aristocratie du canotage; plus loin, des restaurants modestes, où se dépensait autant de gaieté avec moins d'argent. Tous sont présentement réduits à l'égalité par la destruction.

On comprend que, par leur situation, les maisons du quai aient supporté plus durement les effets du bombardement; mais celles de l'intérieur du village n'ont pas été ménagées; toutes ont leur part d'obus et de boulets.

Vous qui cherchez les maisons éventrées, les toits enfoncés, avancez, marchez encore, vos instants ne seront pas perdus, et vous pourrez reporter dans vos familles l'impression que laisse une réelle dévastation.

La gare a disparu; une misérable guérite la remplace provisoirement. La fabrique de produits chimiques est dans un pitoyable état; la moitié de sa haute cheminée rouge est tombée chez le voisin.

En somme, il n'est pas si petite propriété qui n'ait subi de dégradations. Les arbres, si abondants autour du chemin de fer, ont éprouvé le même sort que les maisons. Il en est qui sont couchés à moitié; d'autres dont les branches ont été lancées dans l'espace et sont retombées en s'enchevêtrant sur leurs voisins restés debout.

Ce spectacle n'étonne nullement les personnes qui ont suivi les événements d'Asnières.

Ce village, avant d'être occupé par les troupes, recevait les obus du mont Valérien, c'était plus que suffisant pour abattre ses cheminées, percer ses murs et enfoncer ses toits. Après, vint le tour des fédérés qui n'avaient pas perdu l'espoir de l'occuper à nouveau, et qui, pour en chasser les troupes, le battirent sans ménagements. Clichy, les remparts, Montmartre, l'inondèrent de leurs projectiles et en firent ce que nous voyons aujourd'hui.

Ce qu'il y a de triste à penser, c'est la situation dans laquelle se trouvaient les habitants qui étaient rentrés chez eux à la fin du siége de Paris. Cernés tour à tour par les troupes et par les fédérés, recevant des obus de tous les côtés, ils vécurent dans les caves avec les provisions qu'ils avaient pu réunir. Enfin, à leurs risques et périls, et ne voyant pas la fin de cette cruelle situation, beaucoup se sauvèrent du côté de Colombes.

Cependant quelques-uns ne voulurent pas abandonner leurs demeures, et c'est à eux que nous devons de pouvoir donner ces renseignements à nos lecteurs.

DE SAINT-DENIS A CHENEVIÈRES.

D'après une des clauses du traité de paix, les troupes allemandes occupent encore, à quelques kilomètres de Paris, la rive droite de la Seine. Les pays compris dans cette zone n'ont donc été mêlés en rien aux derniers événements. Néanmoins il en est quelques-uns qui furent assez rudement éprouvés par la guerre, auxquels se rattachent des souvenirs, et qui méritent d'être visités. Nous croyons devoir les indiquer sommairement pour les personnes qui désireraient y faire une excursion.

Saint-Denis.

Couvert par trois forts, la Briche, la Double-Couronne et l'Est, Saint-Denis forme une sorte de place forte indépendante de Paris. Complétement à l'abri d'un coup de main, il était devenu une vaste réserve de matériel et de troupes. Les habitants purent y rester en toute sécurité jusqu'au jour où il prit fantaisie aux Prussiens d'en faire le bombardement.

Ce furent trois jours d'un tir continu. Le feu cessa cependant, sans que la ville eût songé un seul instant à livrer ses portes.

Les dégâts y sont réels, sans atteindre les proportions qu'on aurait supposées lorsque s'entendait l'épouvantable canonnade.

Le Bourget.

Point avancé sur la ligne de Soissons, la possession du Bourget avait une certaine importance pour l'armée française. Les Allemands le comprirent si bien qu'ils s'y établirent dès les premiers jours de l'investissement. Mais ils ne pouvaient y sommeiller en paix : les francs-tireurs, dont il était le rendez-vous habituel, se faisaient un malin plaisir d'aller, la nuit, déranger leurs oreillers.

C'était surtout un lieu d'exploits pour les francs-tireurs de la Presse, qui harcelaient constamment l'ennemi et lui faisaient éprouver de sensibles pertes. Enhardis par des succès de chaque jour, ils en voulurent un plus complet. Bravement, le 28 octobre, ils lui donnèrent l'assaut et s'en emparèrent, au grand étonnement des Prussiens, stupéfiés d'une pareille audace. Soutenus par quelques compagnies de mo-

biles, ils s'y maintinrent vingt-quatre heures, atten-
dant qu'on les aidât à couronner l'œuvre par un solide
établissement.

Lorsqu'on se décida à venir à leur secours, il était
trop tard : les Allemands, revenus de leur surprise,
s'étaient portés en masse sur le village et en avaient
repris possession, en faisant un grand nombre de
prisonniers.

Pour expliquer leur inertie, pour calmer le mécontentement qui se produisait dans la capitale, les
généraux déclarèrent que le Bourget ne faisait pas
partie des opérations. Peu s'en fallut que les héroïques
francs-tireurs reçussent un blâme énergique pour
leur acte de courage et qu'ils fussent mis au pain et
à l'eau.

L'effet que produisit sur la population parisienne
la reprise du Bourget fut des plus douloureux. Pour
augmenter le mécontentement qui se manifestait, on
apprenait le lendemain la capitulation de Metz; puis
encore il était donné connaissance d'une proposition
d'armistice. C'était trop à la fois.

Toutes sortes d'accusations se firent jour, et, à la
suite, vint l'affaire du 31 octobre, première étape de
la Commune, qui s'empara de l'hôtel de ville, mais
pour quelques heures seulement.

En somme, ceux qui habitaient Paris pendant le
siége garderont toujours de la reprise du Bourget
un désagréable souvenir.

Drancy. — La Courneuve.

Drancy souffrit beaucoup de son voisinage du Bourget : chaque fois qu'on voulait tenter une affaire sur ce dernier village, c'était Drancy et la Courneuve qui servaient de points d'appui, et comme conséquence furent constamment battus par les projectiles. Les champs des environs sont encore couverts de travaux de terrassement qui servaient à protéger les francs-tireurs et les troupes régulières.

Bondy.

C'est à Bondy que se firent les premières preuves de la garde nationale mobilisée. Le capitaine Mancion, à la tête de ses hommes, repoussa vigoureusement les Prussiens jusque dans l'intérieur du bois.

Bondy, comme les autres villages de la plaine, fut en partie occupé par les francs-tireurs, ce qui lui valut d'être démoli presque totalement. Pour déloger les francs-tireurs, les Prussiens l'accablèrent d'obus.

Avron.

Le plateau d'Avron, dans une situation magnifique, pouvait être considéré comme une suite des forts de Rosny et de Nogent, dont il est à une distance de

2 kilomètres. On pouvait en tirer un très-grand parti en tant que position. Mais le sol, sablonneux, se prêtait peu à la construction des ouvrages. On n'y fit guère que de fortes tranchées, par un temps de froid excessif, qui gênait beaucoup les travailleurs.

Les Prussiens laissaient faire sans trop paraître s'inquiéter de cette occupation. Mais, en un seul jour, ils démasquèrent des batteries de Gagny, de Gournay et de Noisy-le-Grand, qui firent pleuvoir une grêle d'obus sur le plateau d'Avron. Il fut impossible d'y tenir plus longtemps. Les troupes, les mobiles et les gardes nationaux rentrèrent à Rosny, à Nogent et à Fontenay. Les Prussiens avaient obtenu un grand succès qui retentit douloureusement dans l'âme des Parisiens, qui avaient fondé de grandes espérances sur le plateau d'Avron.

Villiers. — Champigny.

C'est à Villiers et à Champigny, ayant Cœuilly pour centre, que se passèrent un des plus grands faits d'armes de la guerre.

Par un coup hardi, le général Ducrot avait traversé la Marne le 30 novembre sous les yeux des factionnaires prussiens. Il avait juré de rompre la ligne d'investissement. L'action s'engagea sur un vaste périmètre, soutenue par les forts et les batteries de position.

La journée fut des plus glorieuses pour l'armée française. Le soir, elle couchait sur les positions ennemies.

Après la bataille, par une convention tacite, les deux armées suspendirent le feu, le 1er décembre, pour l'enlèvement des blessés et des morts. Ils étaient, hélas! nombreux de part et d'autre.

Le 2 décembre, les Prussiens reprirent l'offensive par une violente attaque. Aux premières heures du matin, le combat était terrible. C'était la première fois que les Parisiens entendaient une pareille canonnade.

Un instant nos troupes semblèrent plier. Mais, secondées par une division partie de Champigny, elles forcèrent les Prussiens à la retraite, et, dans leur impétuosité, elles marchaient toujours, croyant ne plus trouver d'obstacles.

C'est alors qu'elles éprouvèrent un complet désappointement : de forts travaux établis en arrière des lignes prussiennes sur le bord du bois firent pleuvoir sur elles une trombe de boulets, de mitrailles et d'obus. Il fallut renoncer à aller plus loin. Elles avaient dépassé les positions conquises l'avant-veille; elles les conservèrent.

On ne perdit rien, mais il fallut renoncer au projet.

Le lendemain, une affiche posée dans Paris annonçait que l'armée du général Ducrot bivouaquait dans le bois de Vincennes.

Ce n'était pas une retraite, c'était l'abandon d'un projet qui paraissait irréalisable.

Champigny servit souvent de lieu de combat dans l'affaire de Villiers ; il eut beaucoup à souffrir, et bien des hommes trouvèrent la mort dans ses murs. Le canon et la fusillade avaient toujours quelqu'un à déloger de ce village. Tour à tour occupé par les Français et les Prussiens, tous y ont apporté leur part de dévastation.

Petit-Bry souffrit beaucoup du fort de Nogent, et mérite d'être visité.

Chenevières.

Chenevières ne prit réellement aucune part aux combats qui se livrèrent à sa droite et à sa gauche ; s'il porte des traces de la guerre, cela provient des boulets égarés. Solidement protégé par les travaux prussiens et placé sur les hauteurs, il était inaccessible pour les Français.

Le combat qui eut lieu plus loin, vers Montmesly, était de peu d'importance et avait simplement pour but d'opérer une diversion.

C'est donc à Chenevières que peut s'arrêter le visiteur, à qui nous serions heureux d'avoir évité des pas inutiles.

Le pèlerinage qu'il aura accompli sur nos traces est assurément mélancolique, et l'œil finit par se lasser à ce continuel spectacle de dévastation. Quand la belle campagne des environs de Paris aura repris ses riants aspects, un éternel souvenir restera de cette double crise, inscrit sur les monticules funéraires où se lisent les noms de tant de morts dont plusieurs furent des héros.

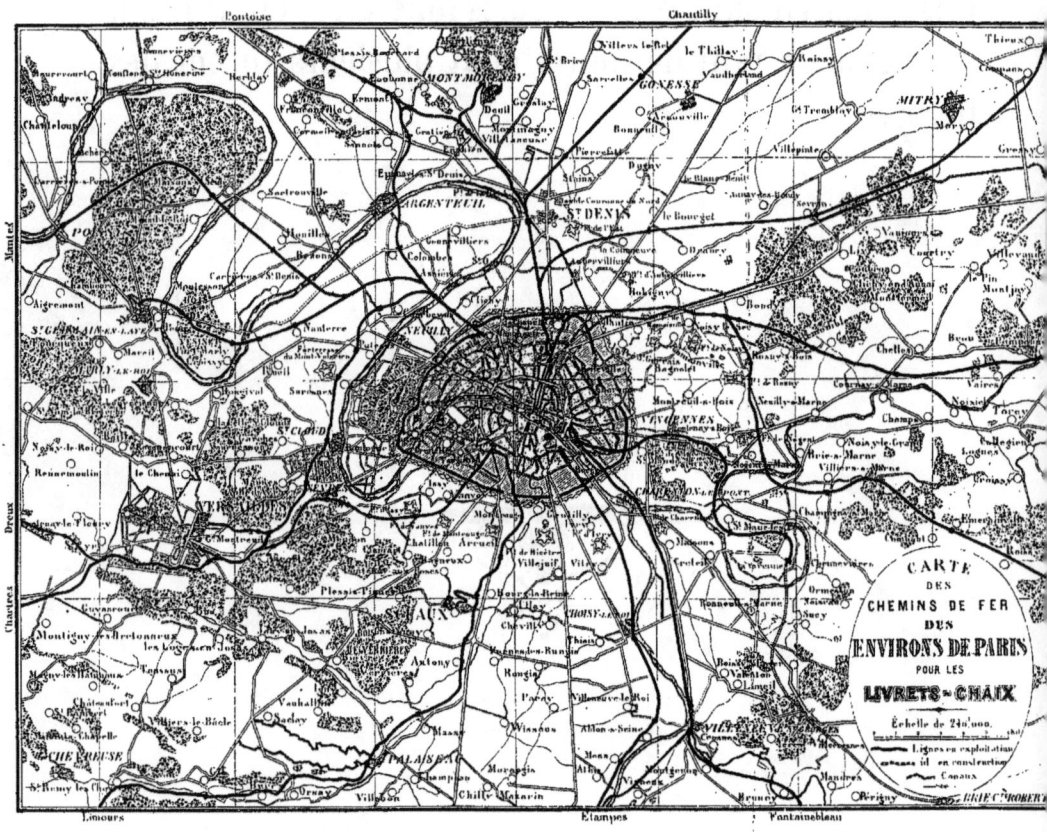

CARTE
DES
CHEMINS DE FER
DES
ENVIRONS DE PARIS
POUR LES
LIVRETS DE CHAIX
Échelle de 240.000

Lignes en exploitation
comme il en construction
Canaux

TABLE

PARIS. — J. CLAYE, IMPRIMEUR, 7, RUE SAINT-BENOIT. [245]

ŒUVRES COMPLÈTES

DE

LECONTE DE LISLE

Édition in-8° cavalier, papier vélin.

HOMÈRE. ILIADE, traduction nouvelle en prose. 1 vol.　7 50
— 　ODYSSÉE, HYMNES, ÉPIGRAMMES, BATRAKHO-
　　　MYOMAKHIE, trad. nouvelle en prose. 1 vol.　7 50

HÉSIODE. HYMNES ORPHIQUES, THÉOCRITE, BION, MOS-
　　　KHOS, TYRTÉE, ODES ANACRÉONTIQUES,
　　　traduction nouvelle. 1 vol. . . . .　7 50

SOUS PRESSE :

POËMES BARBARES, édition définitive, considérablement aug-
mentée, 1 vol. orné du portrait de l'auteur gravé à l'eau-forte.

ESCHYLE. Œuvres complètes, traduction nouvelle en prose.
1 vol.

POËMES ANTIQUES, nouvelle édition, entièrement refondue;
1 vol.

LA POÉSIE FRANÇAISE du xve au xixe siècle. Études & extraits,
2 vol.

En préparation :

POËMES TRAGIQUES. CROISADES. — JACQUERIES.

LES ÉTATS DU DIABLE, poëme.

LA BIBLE, traduction nouvelle.

SOPHOCLE, traduction nouvelle.

EURIPIDE, traduction nouvelle.

I

ŒUVRES COMPLÈTES

DE

FRANÇOIS COPPÉE

Édition in-18 jésus, papier vélin.

PREMIÈRES POÉSIES (*Le Reliquaire.* — *Intimités*).
1 vol. . . . . 3 fr. »

POËMES MODERNES, 1 vol. 3   »

LA GRÈVE DES FORGERONS, poëme. 1 vol. . . . . » 75

LE PASSANT, comédie en un acte, en vers. 22e édition.
1 vol. 1   »

DEUX DOULEURS, drame en un acte, en vers. 8e édit.
1 vol 1 50

Édition elzévirienne :

POÉSIES DE FRANÇOIS COPPÉE (1864-1869)

(LE RELIQUAIRE. — INTIMITÉS. — POËMES MODERNES.
LA GRÈVE DES FORGERONS.)

1 volume in-12 couronne, imprimé en caractères elzéviriens, sur
papier teinté, & illustré d'un portrait de l'auteur gravé à l'eau-
forte par Rajon . . . . 5 fr.

Poëtes contemporains.

Volumes in - 18 jésus imprimés en caractères antiques sur beau papier vélin.
Chaque volume, 3 fr.

JEAN AICARD.	Les Jeunes Croyances.	1 vol.
— —	Rébellions, Apaisements. . . .	1 vol.
J.-E. ALAUX.	Les Tendresses humaines. . .	1 vol.
THÉODORE DE BANVILLE.	Les Exilés.	1 vol.
— —	Nouvelles Odes funambulesques.	1 vol.
C. ROBINOT - BERTRAND.	La Légende rustique.	1 vol.
— —	Au bord du lac..	1 vol.
ÉMILE BLÉMONT.	Poëmes d'Italie.	1 vol.
ARTHUR DE BOISSIEU. . .	Poésies d'un passant.	1 vol.
F. BOISSONNEAU.	Échos & Reflets.	1 vol.
PHILOXÈNE BOYER. . . .	Les Deux Saisons.	1 vol.
HENRI CAZALIS.	Melancholia.	1 vol.
FÉLIX CELLARIER. . . .	Paris délivré.	2 vol.
CAMILLE CHABANEAU. .	Poésies intimes.	1 vol.
ALEXIS DE CHABRE. . . .	Boutades sur l'amour & le mariage.	1 vol.
FRANÇOIS COPPÉE. . . .	Premières Poésies.	1 vol.
— —	Poëmes modernes.	1 vol.
PAUL DELAIR.	Les Nuits & les Réveils. . .	1 vol.
LÉON DIERX.	Les Lèvres closes.	1 vol.
ARISTIDE FRÉMINE. . . .	Floréal.	1 vol.
GLASER.	Nuits sans étoiles. (texte allemand & traduction).	1 vol.
LÉON GRANDET.	Gul.	1 vol.
ÉDOUARD GRENIER. . . .	Amicis.	1 vol.
LOUISE D'ISOLE.	Après l'amour.	1 vol.
— —	Passion.	1 vol.
WINOC JACQUEMIN. . . .	Sonnets à Ninon.	1 vol.
CHARLES JOLIET.	Les Athéniennes.	1 vol.
GEORGES LAFENESTRE. . .	Espérances.	1 vol.
LAURENT-PICHAT.	Avant le jour.	1 vol.
NELLY LIEUTIER.	Chemin faisant.	1 vol.
GABRIEL MARC.	Soleils d'octobre.	1 vol
ALBERT MÉRAT.	Les Chimères.	1 vol.
ARMAND RENAUD. . . .	Nuits persanes.	1 vol.

L.-X. DE RICARD. . . . *Ciel, Rue & Foyer.* . . . . . . 1 vol.
ROCARESCO. . . . . . . *Légendes & Doïnes.* . . . . . . 1 vol.
ALFRED RUFFIN . . . . . *Premiers Regards* . . . . . . 1 vol.
LOUIS SALLES. . . . . . *Les Amours de Pierre & de Léa.* 1 vol.
LOUISA SIEFERT. . . . . *Les Rayons perdus.* . . . . . 1 vol.
  —   — *Les Stoïques.* . . . . 1 vol.
ARMAND SILVESTRE. . . . *Les Renaissances.* . . . . . . 1 vol.
SULLY PRUDHOMME. . . . *Les Épreuves.* . . . . 1 vol.
  —   — *Stances & Poëmes.* . . . . . . 1 vol.
  —   — *Les Solitudes.* . . . . 1 vol.
ANDRÉ THEURIET.. . . . *Le Chemin des bois.* . . . . . 1 vol.
PAUL VERLAINE. . . . . *Poëmes saturniens.* . . . . . . 1 vol.
CHARLES WOINEZ. . . . *La Guerre des fourmis.* . . . . 1 vol.
***** . . . . *Posthuma*. . . . . 1 vol.

PRIX DIVERS:

LE PARNASSE CONTEMPORAIN (1866). Recueil de poésies
 inédites des principaux poëtes de ce temps. 1 vol. grand
 in-8°, papier vélin. . . . . 8 »
LE PARNASSE CONTEMPORAIN (1869); Recueil de poésies
 inédites des principaux poëtes de ce temps. 1 vol. grand
 in-8°, papier vélin. . . . . 10 »
FRANÇOIS COPPÉE. *Intimités.* 1 vol. in-18. . . . . 1 50
CHARLES CORAN. *Dernières Élégances.* 1 vol. in-8° . . . 6 »
ALBERT GLATIGNY. Poésies complètes (*Les Vignes folles.— Les
 Flèches d'or.— Le Bois*), un beau vol. in-18, papier teinté. 5 »
LOUISA SIEFERT. *L'Année républicaine.* 1 vol. in-18 jésus. 1 50
ÉDOUARD GRENIER. *Sémeia,* poëme. Broch. in-18. . . . . . » 75
ALBERT MÉRAT. *L'Idole.* 1 vol. in-12 couronne, imprimé sur
 papier vergé. . . . . 2 »
ALBERT MÉRAT & LÉON VALADE. *Intermezzo,* traduction
 nouvelle, en vers. 1 vol. in-18. . . . . 1 50
PAUL VERLAINE. *Fêtes galantes.* 1 vol. in-12 couronne, papier
 vergé . . . . 2 »
PAUL VERLAINE. *La Bonne Chanson.* 1 vol. in-12 couronne,
 papier teinté. 2 »
F. BARRÉ. *Poésies pour Alceste.* 1 vol. in-12 couronne,
 papier vergé. . . . . 2 »
ÉMILE GRIMAUD. *Chants du bocage vendéen.* 1 vol. in-18,
 illustré de 7 eaux-fortes par M. Octave de Rochebrune. 6 »

www.ingramcontent.com/pod-product-compliance
Lightning Source LLC
Chambersburg PA
CBHW051742090426
42738CB00010B/2386